철학자와 오리너구리

일러두기

이 책 한국어판의 각 장 도입부와 결말부, 〈들어가며〉와 〈나가며〉의
'철학자'와 '오리너구리' 만담은 원서의 '디미트리'와 '타소' 만담을 수정한 것입니다.
실존한 역사적 인물의 대사나 철학적 입장과는 무관합니다.

Text copyright © 2007 Thomas Cathcart and Daniel Klein

First published in the English language in 2007
By Abrams Image, an imprint of ABRAMS, New York
ORIGINAL ENGLISH TITLE:
PLATO AND A PLATYPUS WALK INTO A BAR
(All rights reserved in all countries by Harry N. Abrams, Inc.)

Korean translation copyright © 2025 by Alchemist
Korean translation rights arranged with ABRAMS BOOKS
through EYA Co.,Ltd

이 책의 한국어판 저작권은 EYA Co.,Ltd를 통해
ABRAMS BOOKS과 독점 계약한 '알키미스트'에 있습니다.
저작권법에 의하여 한국 내에서 보호를 받는 저작물이므로
무단전재 및 복제를 금합니다.

철학자와 오리너구리

삶의 무게를 덜어주는 유쾌한 지혜들

토머스 캐스카트·대니얼 클라인 지음
박효진 옮김

"PLATO AND PLATYPUS"

Alchemist

"

한 번도 춤추지 않은 날은 잃어버린 날이다.
또한 한 번도 웃음 주지 못한 진리는 모두 거짓이다.

프리드리히 니체

훌륭한 철학 작품은 농담만으로 쓰일 수 있다.

루트비히 비트겐슈타인

"

옮긴이의 말

웃으면서 철학과 친해질 수 있다고?

"와, 세상이 뭐 이래?", "이렇게 사는 게 맞아?"

살다 보면 이런 의문이 드는 순간이 있다. 한번 이런 생각에 빠지면 하루하루가 괴롭고 하기 싫은 숙제처럼 느껴진다. 바로 이때, 즉 인생에 새로운 답이 필요할 때 쓸모 있는 것이 철학이다. 좋은 답을 찾으려면 좋은 질문이 필수인데, 질문이야말로 철학의 주특기이기 때문이다. '철학의 아버지' 소크라테스가 누구인가? 아테네 최고의 '물음표 살인마'가 아니던가!

하지만 '오랫동안 철학은 어렵다', '뜬구름 잡는 소리다' 같은 오해(?)를 받아왔다. 솔직히 이해는 된다. 존재란 무엇인가? 어떤 것이 옳고 그른가? 신은 존재할까?

동서고금 철학자가 붙든 질문들은 일상적 고민과는 거리가 멀어 보인다. 여우 피하려다 호랑이 만난다는 속담처럼, 답답한 인생의 답을 찾으려다 더 막막한 철학 개념들을 마주하게 되면… 저절로 고개가 저어진다.

《철학자와 오리너구리》의 저자, 토머스 캐스카트와 대니얼 클라인도 비슷한 고민을 한 것 같다. 이들은 하버드 대학교에서 철학을 공부했지만, 길거리 갱과 어울리거나 코미디 대본 작가로 활동한 특이한 경력이 있다. 이들은 진지하고 딱딱한 자세로 철학을 다루는 대신, 온갖 시답잖은 농담을 던지며 편하게 철학을 가지고 놀기로 결심한다. 이렇게 해서 철학을 배울 수 있냐고? 놀랍게도 철학적 사고를 기르는 데 굉장히 도움이 된다. 대상을 이해하고 거리를 좁히는 데 농담은 효과적인 수단이다. 수많은 철학 입문서 중에서 특별히 이 책을 추천하는 이유다. (물론 내가 번역했기 때문이기도 하지만!)

번역은 즐거웠지만, 쉽지 않은 작업이었다. 농담의 특성상 문화적 차이 탓에 웃기 힘든 경우도 있었다. 이 책의 원제만 해도 철학자 플라톤Plato과 오리너구리Platypus의 이름을 활용한 말장난인데, 직역하면 재미 요소가 사라진다. 따라서 번역 과정에선 저자들이 본래 전하고자 한 맥락과 메시지를 살리기 위해 애썼다. 책의 제목처럼, 철학자와 오리너구리가 술집에서 가볍게 농담 따먹기를 하는 장면을 떠올리며 읽어주면 좋겠다.

이 책의 일차적 목표는 여러분이 철학과 친해지는 것이다. 그렇게 시답잖은 농담을 나누며 10가지 철학적 관점을 익히고 나면, 어느새 머리 아픈 고민들이 가벼워지고 인생도 조금은 더 흥미진진해질 것이다.

박효진(번역가, 철학애호가)

들어가며

삶의 문제에 대처하는 가장 유쾌한 방법

> 오리너구리: 세계를 떠받들고 있는 게 아틀라스라고 하던데…. 그럼 아틀라스는 누가 떠받들고 있지?
>
> 철학자: 그것도 몰라? 아틀라스는 거북이 등에 올라탔지.
>
> 오리너구리: 그럼 그 거북이는 뭘 딛고 서 있는데?
>
> 철학자: 그거야 다른 거북이지.
>
> 오리너구리: 그러면 그 다른 거북이는 또 어디 서 있는데?
>
> 철학자: 그건 말이지…. 아, 그냥 쭉 거북이가 있겠지 뭐.

위의 대화는 '무한퇴행'이라는 철학 개념을 잘 보여준다. 이 개념은 우리가 생명이나 우주, 시간과 공간, 그리고 무엇보다 창조자에 관해 생각할 때 반드시 마주하게 된다. 이 세상을 어떤 창조자가 만들었다면, 그를 만든 건 누구일까? 또 그 창조자를 만든 창조자를 만든 창조자는? 이런 식의 질문은 끝이 없다. 고대 그리스인들이 발아래 그냥 거북이가 쭉 있다고 믿었던 것처럼.

"그냥 쭉 거북이가 있겠지 뭐." 이 말에 다시 주목해보자. 고민을 너무 쉽고 깔끔하게 해결하는 듯하지만, 어딘가 의아한 구석이 있다. 농담 같기도 하고 철학 같기도 하다. 뭐, 놀랄 일은 아니다. 둘은 같은 재료를 쓰니까. 농담과 철학은 굉장히 비슷한 방식으로 우리 생각에 틈을 낸다. 익숙한 관점을 비틀고, 기존에 알던 세계를 거꾸로

> 무한퇴행 개념만으론 그래서 세상이 누구에 의해, 어떻게 생겨났다는 건지 아직 의문이 풀리지 않았다면, '무에서의 창조' 교리는 어떤가? 세상이 창조되기 전에는 아무것도 없었다는 것이다! 이에 관해선 비틀스의 존 레논이 한 말도 있다. "앨비스 전에는 아무것도 없었지." 물론 이 말은 맥락이 살짝 다르긴 하지만.

뒤집으며, 때로는 언짢기도 한 삶의 진실을 찾아내는 것. 이게 바로 철학과 농담의 닮은 점이다. 철학자가 통찰이라고 부르는 것을 농담꾼은 재치라고 부를 뿐.

오래된 농담 하나를 살펴보자. 슬쩍 보기엔 그냥 바보 같은 이야기지만, 자세히 들여다보면 영국 경험론 철학의 핵심이 깃들어 있다.

> 모티는 절친 루를 매우 신뢰해서, 팥으로 메주를 쑨대도 믿을 정도였다. 그런데 어느 날 모티가 집에 일찍 왔을 때, 안방에서 루가 금고를 들고 나오는 걸 봤다. 놀란 모티를 보고 루가 외쳤다. "내 말 좀 들어봐. 지금 나보다 네 눈을 더 믿는 건 아니지?"

이 엉뚱한 이야기는 우리가 세상을 이해하는 데 있어 어떤 한 방법이 다른 방법보다 정말로 믿을 만한지 묻는다. 실제 무슨 일이 있었는지 루의 설명을 듣는 게 더 믿을 만할까, 아니면 모티가 직접 두 눈으로 본 게 더 믿을 만할까? 당연히 후자라고 생각한다면, 이 질문은 또 어떤가? 아름다운 노을이 지는 지평선을 볼 때, 지구는 평평하게 느껴지는가, 아니면 둥글게 느껴지는가?

또 다른 종류의 철학 개그를 살펴보자. 유비논증의 대표적 사례로 자주 등장하는 이야기다.

> 최근 재혼한 90세 노인이 주치의에게 말했다.
> **노인**: 의사 양반, 아무래도 아내가 아이를 가진 것 같아.
> **의사**: 음, 제 이야기를 좀 들어보세요. 어떤 남자가 실수로 총 대신 우산을 들고 사냥에 나갔어요. 그런데 갑자기 곰이 나타나 달려들었습니다. 놀란 남자는 우산을 확 펼쳤고, 그러자 놀랍게도 곰은 그 자리에서 쓰러져 죽고 말았답니다.
> **노인**: 말도 안 돼. 다른 사람이 쐈겠지.
> **의사**: 제 말이 바로 그 말입니다!

이 이야기는 유비논증이 무엇인지 잘 설명해준다. 간단히 말해서, 결과가 비슷하면 원인도 비슷해야 한다는 것이다. 요즘에는 '지적설계(우주와 생명체는 우연히 탄생했다기엔 너무 복잡하기에, 어떤 지적 존재가 의도를 갖고 창조했을 거라는 이론. 시계공 논증이 대표적이다 - 역자 주)'를 주장하는 이들에 의해 엉뚱하게 이용되고 있다. 이 내용은 뒤에서 자세히 살펴보도록 하자.

불가지론에서 선불교까지, 성경 해석에서 영원까지. 철학적 농담들은 엄청나게 많다. 지금부터 이런 농담들이 어떤 방식으로 철학을 쉽게 이해하도록 돕는지, 또한 매력적인 철학적 사고가 어떻게 농담 속에 녹아 있는지 살펴보려고 한다.

철학 수업을 찾은 이들은 인생을 바꿔줄 탁월한 통찰을 단번에 얻고자 한다. 하지만 그 수업엔 영 패션 감각 없는 퉁명스러운 사람이 강단을 어슬렁거리며 지루한 이야기를 늘어놓기 일쑤다. "처음엔 어렵더라도 호기심을 갖고, 차근차근 하면 됩니다." 놀랍게도 참고 듣다 보면, 그의 말이 꽤 흥미롭다는 걸 알게 될 것이다.

질문은 질문을 낳고, 그 질문은 또 다음 단계의 질문을 낳는다. 이게 바로 삶의 문제에 대처하는 철학의 방식이다. 앞선 거북이 농담처럼 '그냥 쭉 질문이 있는' 거다. 삶의 고민거리가 하나 해결하면 끝이 아니라, 두더지 게임처럼 불쑥불쑥 다른 고민들이 나타나는 것처럼. 다양한 문제를 다루기 위해 우리도 10가지 기본적인 질문에서 시작하자. 하나의 질문에 답하려면, 곧 다른 질문을 던져야 한다는 걸 알게 될 것이다. 그렇게 질문과 질문을 이어가는 과정에서 철학적 사고는 자연스레 길러진다.

예컨대 "직장인에겐 자유의지가 있을까?"는 질문은 형이상학이라는 철학 분야를, "실패에 성공한 사람은 성공한 걸까, 실패한 걸까?"는 논리학 분야를 다룬다. "아침마다 죽음을 생각하라고?"는 실존주의의 몫이다. "농담만으로 철학을 배울 수 있을까?"라는 질문은 메타철학을 다룬다. 이처럼 철학의 각 영역에는 다양한 질문과 농담 같은 지혜가 자리 잡고 있다.

시간 순서를 생각하진 않았다. 그저 초심자가 '철학의 첫걸음' 수업에 들어갈 때 자연스레 떠올릴 만한 질문들을 늘어놨다. 순서대로 읽지 않고 관심 있는 부분부터 골라 읽어도 좋다. 읽다 보면, 우연히도 수많은 농담이 철학적 관점과 연결돼 있다는 걸 깨닫게 될 것이다. 놀랍지 않은가? 순전히 우연일까? 혹시 지적설계자가 숨겨놓은 이스터 에그는 아니고? 자, 지금부터 살펴보도록 하자.

목차

옮긴이의 말 웃으면서 철학과 친해질 수 있다고?　　　　7
들어가며 삶의 문제에 대처하는 가장 유쾌한 방법　　　　10

1장　**직장인에겐 자유의지가 있을까?**　　　　19
　　　세상 모든 것에 관한 형이상학적 농담들

2장　**실패에 성공한 사람은
　　　성공한 걸까, 실패한 걸까?**　　　　47
　　　친구를 잃어도 논쟁은 이겨먹겠다는 이들을 위한 논리학

3장　**오리너구리는 오리야, 너구리야?**　　　　85
　　　인식론의 안경으로 세상을 바라보기

4장　**선의의 거짓말도 하면 안 될까?**　　　　123
　　　옳고 그름에 관한 윤리학적 논쟁들

5장　**신은 도박을 할 수 있을까?**　　　　151
　　　신과 종교에 관한 발칙한 질문들

6장	**아침마다 죽음을 생각하라고?**	177
	실존주의로 삶의 불안을 해소하는 법	

7장	**철학은 말장난에 불과할까?**	193
	언어철학으로 철학을 정리하기	

8장	**농담은 공리주의를 따를까, PC주의를 따를까?**	215
	웃으면서 사회와 정치를 말하는 기술	

9장	**외계인에게도 농담이 통할까?**	251
	상대성을 통해서 세상을 이해하기	

10장	**농담만으로 철학을 배울 수 있을까?**	265
	철학은 무엇인가에 관하여	

나가며	이 책에서 배운 모든 것에 관한 복습 시간	273
서양철학사의 위대한 순간들		276
용어 해설		280

"PLATO AND PLATYPUS"

1

직장인에겐 자유의지가 있을까?

세상 모든 것에 관한 형이상학적 농담들

존재란 무엇인가?
실재한다는 것은 무슨 의미일까?
우리에겐 정말 자유의지가 있을까?
옷핀 위에선 몇 명의 천사가 춤출 수 있을까?
직장인에겐 얼마만큼의 자유의지가 있는 걸까?

형이상학은 뭐, 이런 질문들에 정면으로 도전한다.

오리너구리: 요즘 고민이 있어.

철학자: 뭔데?

오리너구리: 이 모든 것의 의미는 뭘까?

철학자: 모든 것이라니 어떤 걸 말하는 거야?

오리너구리: 삶, 죽음, 사랑, 저기 쌓인 낙엽 같은 것들 말이야.

철학자: 그것들의 의미를 네가 왜 고민하는데?

오리너구리: 왠지 그래야만 할 것 같아. 안 그러면 삶이란 게 의미가 없잖아….

철학자: 그니까 그 의미라는 말을 무슨 뜻으로 쓰는 건데?

오리너구리: 아오…, 됐어. 그냥 술이나 한잔해.

목적론

우주에는 목적이 있을까?

아리스토텔레스에 따르면, 모든 존재에는 내적 목표인 텔로스(목적)가 있다. 예를 들면, 강아지에게는 개라는 텔로스가 있어서, 시간이 지나면 자연스레 개가 된다. 달걀과 닭, 나비 애벌레와 나비의 관계도 그렇다. 이것은 누구도 부정할 수 없는 사실이다.

좀 더 쉬운 이해를 위해 다음 이야기를 살펴보자.

> 골드스타인이 손주 둘과 함께 길을 걷고 있었다. 우연히 만난 친구가 손주들 나이가 몇 살이냐고 물었다. 골드스타인이 답했다. "의사 될 애는 다섯 살이고, 변호사 될 애는 일곱 살이야."

저런. 골드스타인은 아리스토텔레스를 오해하고 있는 게 분명하다.

우리 인생에도 목적이 있을까? 아리스토텔레스는 그렇다고 생각했다. 그에게 인생의 목적은 행복이었다. 그렇구나, 하고 넘어가도 될 텐데 수많은 철학자가 앞다투어 이의를 제기했다. 700년 뒤의 철학자 성 아우구스티누스는 신을 사랑하는 것이 인간 삶의 목적이라고 주장했다. 하이데거 같은 20세기 실존주의자들은 모든 인간이 똑같이 맞이할 운명, 즉 죽음을 외면하지 않고 살아가는 것이라고 주장했다. 인간의 텔로스가 그저 행복이라니, 그건 평범한 사람도 할 수 있는 생각이잖아? 뭔가 폼

이 안 난다고 생각했을지도 모른다.

인생의 의미에 관한 농담은 우리가 저마다 생각하는 행복과 의미의 가짓수, 그리고 철학자들의 머릿수만큼이나 빠르게 늘어났다.

> 인생의 의미를 좇던 한 구도자가 인도 최고의 현자에 관한 소식을 들었다. 그 현자는 인도에서 가장 높은 산꼭대기에 살고 있다고 했다. 구도자는 산 넘고 물 건너 그곳으로 갔다. 길이 무척 험해서 몇 번을 미끄러지고 넘어졌다. 상처투성이가 된 구도자가 정상에 올랐을 때, 그 현자는 동굴 앞에 가부좌를 틀고 앉아 있었다.
> 구도자가 물었다. "인생의 비밀을 알기 위해 현명한 당신을 찾아왔습니다."
> 현자가 말했다. "아, 그래요? 인생의 비밀이란, 찻잔입니다."
> 구도자는 허탈한 표정으로 말했다. "찻잔이요? 내가 그 고생을 하면서 여기까지 왔는데, 인생의 비밀이 겨우 찻잔이라고요?"

현자는 어깨를 가볍게 으쓱하며 답했다. "뭐, 아니면 말고요."

현자가 다른 대답을 했다면 구도자는 만족했을까? 아닐 것이다. 아리스토텔레스의 행복, 아우구스티누스의 신에 대한 사랑, 하이데거의 죽음을 직면하기 등의 답에 우리가 여전히 만족하지 못한 것처럼 말이다.

인간의 보편적 목적(인간은 무엇이 되어야 하고, 어떻게 살아야 하는가)과 개인의 개별적 목표(나는 무엇이 되어, 어떻게 살고 싶은가) 사이에도 차이가 있다. 다음 이야기에서 인생의 목적을 제대로 알고 있는 건 누구일까.

알렉산더 대왕이 세계를 정복하던 도중 아테네에 들렸다. 모든 이가 그를 찾아와 경배했지만, 단 한 사람 디오게네스만은 관심이 없었다. 호기심이 생긴 알렉산더가 직접 찾아가니, 그는 누더기를 입고 머리를 산발한 채 나무통 옆에 누워 햇볕을 쬐고 있었다. 디오게네스가 물었다. "대왕의 소원은 무엇입니까?" "그리스를 정복하는 것이오." "그걸 이룬 다음은요?" "소

아시아, 나아가 세계를 정복하는 것이지." "그럼 그 세계를 정복한 다음은요?" "그때는 뭐, 좀 쉬면서 인생을 즐겨야지." 대답을 들은 디오게네스가 머리를 갸우뚱하며 답했다. "왕이시여, 그럼 그냥 지금부터 쉬면서 인생을 즐기면 안 되나요?"

> 사전에서 '형이상학metaphysics'이란 단어를 찾아보자. 거기엔 '아리스토텔레스의 책 제목에서 유래', '과학적 관찰이나 경험 너머meta 초경험적인 것을 대상으로 한 학문'이라고 써 있을 것이다. 멋진 말이지만, 후대에 만들어진 이야기다. 아리스토텔레스는 자기 책을 '형이상학'이라 부른 적 없다. 그 이름은 1세기쯤 아리스토텔레스의 책을 모아 편집한 사람이 붙인 것이다. 그 부분이 아리스토텔레스의 《자연학 physics》 뒤에 있었기 때문이다.

본질주의

이번엔 좀 더 손에 잡히는 주제를 얘기해보자.

잠깐, 그런데 무언가 실재한다는 것이 어떤 의미지? 어떤 특성이 존재들을 그렇게 되게끔 만드는 걸까? 철학자처럼 말하면, 어떤 특성이 이것을 저것과 서로 다르게 만들까?

아리스토텔레스는 '본질'과 '우연한 성질'을 구분했다. 본질이란 그것 없이는 도저히 지금 같은 형태로 존재할 수 없는 핵심적인 성질이다. 반면 우연한 성질이란 일부 특성은 결정하지만, 그게 무엇인지 정의하는 데에 필요하진 않은 부차적 성질이다.

좀 더 쉽게 예를 들어서 설명하면, 소크라테스가 지닌 합리성은 그가 소크라테스로 존재하는 것의 핵심 요소다. 합리성이 없다면, 소크라테스는 결코 소크라테스일 수 없다. 하지만 소크라테스가 돼지코인 것은 우연이다. 돼지코는 분명 소크라테스 존재 방식의 일부지만, 핵심 요소는 아니다. 즉, 소크라테스에게서 합리성을 뺏으면 그는 더 이상 우리가 아는 소크라테스일 수 없지만, 그가 성형수술을 받는다고 해도 그냥 코 성형을 한 소크라테스인 것이다. 다음 같은 농담이 떠오른다.

톰슨이 일흔이 됐을 때, 꿈에서 계시를 하나 받았다. 오래 살려면 건강에 더 신경 쓰라는 것이었다. 꿈에서 깬 뒤, 그는 생활방식을 완전히 바꾸기로 했다. 그래서 정기적으로 조깅과 수영을 하고, 일광욕도 했다. 단 세 달 만에 15킬로그램이 빠졌고, 허리가 15센티미터 줄며 가슴은 12센티미터 넓어졌다. 한층 건강해진 톰슨은 외모에도 자신이 생겨서 바버숍에서 짧고 멋진 헤어스타일을 시도했다. 그런데 그만 미용실에서 나오다 버스에 치였다.

그는 죽어가면서 울부짖었다. "신이시여, 어떻게 나한테 이러실 수 있어요?"

그러자 하늘에서 목소리가 들려왔다. "미안, 톰슨. 머리가 짧아져서 못 알아봤구나."

톰슨이 머리를 기르든 짧은 머리를 하든, 헤어스타일은 우연한 성질일 뿐, 본질이 달라지진 않았다는 것을 우리는 잘 안다. 그러니 톰슨은 살도 빼고 머리 모양도 바꾼 것이다. 하지만 이 농담에서 톰슨의 본성을 알아보지 못한 유일한 이가 있었으니, 하필 그게 신이었다.

본질과 우연한 성질을 착각할 때, 대화는 엉뚱한 농담처럼 흘러가기 쉽다.

> **에이브**: 수수께끼 하나 내볼게. 녹색이고, 벽에 매달려 있고, 소리가 나는 것은?
> **솔**: 잘 모르겠는데.
> **에이브**: 답은 청어야.
> **솔**: 뭐야, 청어는 녹색이 아니잖아.
> **에이브**: 그러면 녹색으로 칠하면 되지.
> **솔**: 청어는 벽에 매달려 있지 않잖아.
> **에이브**: 벽에다 대고 못을 박으면 매달리겠지.
> **솔**: 청어는 소리가 안 나는데?
> **에이브**: 바보, 그런 건 전혀 중요하지 않다고.

처음에는 본성처럼 보였는데 나중에 다시 보면 우연한 성질로 드러나는 경우도 있다. 이런 상황을 보여주는 대화를 살펴보자.

> "왜 코끼리는 크고, 회색이고, 주름이 많죠?"

> "그야 작고 하얗고 매끈하면, 코끼리가 아니라 알약이니까."

우리는 얼마든지 작은 코끼리를 상상해볼 수 있다. 그건 '아기 코끼리'일 수도 있고, 그냥 '작은 코끼리'일 수도 있다. 또한 모래나 진흙을 덮어 갈색이 된 코끼리도 볼 수 있다. 그건 '어두운 갈색 코끼리'라고 부를 것이다. 주름이 없으면, 주름 없는 코끼리라고 부르면 그만이다. 다시 말해, 큼, 회색임, 주름짐은 코끼리의 본질을 규정하는 특성이 아니다. 그런 요소들은 코끼리가 어떻게 생겼는지 부차적으로 묘사하는 데 쓰인다.

다만 이 대화는 어떤 측면에서는 맞는 부분도 있다. 알약처럼 작고 하얗고 매끈한 것은 결코 코끼리가 될 수 없다. 그런 물건을 앞에 놓고서 "이게 네가 먹는 알약이야? 아니면 독특하게 생긴 코끼리야?"라고 묻는 사람은 없다.

그렇다면 어떤 것이 본성이고 어떤 것이 우연한 성질일까? 이걸 구분하기 위해서는 고민이 필요하다. 예컨대 입에는 부리, 발에는 물갈퀴가 있으면서 오리와 비슷하게 생긴 것은 오리일 확률이 높지만, 오리너구리일 수도 있다. 에이브와 솔의 대화는 바보같이 보이지만, 사실 우리도 종종 비슷한 실수를 저지른다. 예컨대 행복한 사람에게 멋진 외모와 부유함은 본질일까, 우연한 성질일까? 물론 두 요소는 있으면 좋지만, 없어도 얼마든지 행복하게 살 수 있다. 오히려 외모나 부유함 같은 우연한 성질에만 집착하면, 정작 본질인 행복을 놓칠 수 있다.

합리론

자, 이번에는 완전히 다른 의견을 살펴보자. 이 의견은 정말 어마어마한 독설과 풍자를 쏟아냈던 한 형이상학 학파에서 나왔다. 이들이 보기에 지금까지 우리가 살펴본 농담들에는 조금 문제가 있다. 핵심을 놓치고 있기 때문이다.

세상도 그렇지만, 우리 인생에도 특별히 정해진 목적이나 본질 같은 건 없다. 다만 우리는 이성을 통해 이 세상과 우리 삶을 최대한 합리적으로 이해하며 살아가는 것이다. 이러한 믿음에 따라 17세기의 합리론 철학자 라이프니츠는 "지금 이 세계가 가능한 모든 세계 중에 최선"이라고 말했다. 그런데 이 말 때문에 라이프니츠는 후배들로부터 엄청난 조롱을 받았다.

그 시작점은 100년 뒤에 나온 볼테르의 소설 《캉디드》였다. 이 책에는 성격 좋은 젊은 캉디드와 그의 철학 교사이자 라이프니츠를 본떠 만든 인물 팡글로스 박사가 등장한다. 캉디드는 여행 중에 채찍질을 당하거나 부당한 판결로 고생하기도 하고, 감염병에 걸리고 대지진을 겪는 등 최악의 경험을 한다. 그런데도 매번 팡글로스 박사는 "이 모든 것이 최선의 세계에서 일어나는 가장 좋은 일"이라는 말을 주문처럼 외칠 뿐이다.

그로부터 200년 뒤인 1956년에 레너드 번스타인의 뮤지컬 《캉디드》에서는 조롱의 강도가 더 심해졌다. 이 뮤지컬에서 가장 널리 알려진 곡은 〈가능한 세계 중 최선〉인데, 여기서 팡글로스는 심지어 전쟁마저 불행으로 위장한 축복이라며 찬양한다.

원작부터가 낙관주의를 조롱하는 풍자 소설이지만, 안타깝게도 이들은 라이프니츠의 말을 오해하고 있다.

라이프니츠는 합리론자다. 지식을 얻는 최고의 방법이 '합리적 이성'을 통해서라고 생각한다. (이와 반대로 '감각 경험'이 지식을 얻는 최선의 경로라고 주장하는 이들을 경험론자라고 부른다.) 라이프니츠는 무조건적 낙관이 아닌, 다음과 같은 이성적 논증으로 이 세계가 가능한 세계 중 최선이라는 결론에 이르렀다.

1. 신이 세상을 창조하지 않았다면, 그 어떤 세계도 있을 수 없다.
2. 충족이유율에 따르면, 어떠한 사실이 진리가 되기 위해서는 모순되지 않아야 하고, 충분한 이유가 있어야 한다.
3. 신이 세상을 만들기로 했다면, 그가 만든 세상은 신의 자체 속성에서 나와야 한다. 그가 세상을 만들기 전에는 다른 어떤 것도 없기 때문이다.
4. 신은 전능하고 도덕적으로도 완벽하다. 그러므로 신은 가능한 세계 중 가장 좋은 세계를 만들어야 한다. 전능하고 도덕적으로 완벽한 신은 가장 좋지 않은 세계는 만들지 않을 것이다. 그러므로 이 세

계는 (부족한 부분이 있을 순 있지만 그럼에도) 유일하게 가능한 최선의 세계다.

> 라이프니츠는 '모든 일은 이유 없이 그냥 일어난다'는 식의 설명에 만족하지 못했다. 모든 사건에는 반드시 원인이 있다고 생각한 것이다. 왜 하와이보다 서울에 눈이 많이 오는가? 특정 조건들이 그 사건을 반드시 일어나게끔 만들기 때문이다. 눈이 오려면 대기 온도가 영하 1도~영하 20도 사이, 지표면의 온도가 0도 이하이며, 공기 중에 습도가 충분하고, 구름이 두꺼워야 한다. 이런 조건들이 없으면, 눈이 내리는 사건은 일어나지 않는다. 이것이 라이프니츠가 이야기하는 '충족이유율'이다. 어떤 사건이 실제로 일어나는 이유가 있다면, 다른 방식으로는 사건이 일어날 수 없다는 원칙이다.

볼테르, 번스타인 등은 모두 라이프니츠의 말을 오해했다. 그들 역시 합리론의 세례를 받은 계몽주의자였지만, 낙관주의와 비관주의를 모두 비판하는 현실주의자이기도 했다. 그래서 라이프니츠가 "뭐, 세상은 모든 게 다 아주 만족스럽지"라고 말한 것처럼 이해하고 풍자한 것이다. 정작 라이프니츠는 무조건적인 낙관주의자도 아니었고, 이 세계에 악한 부분이 없다고 생각하지도 않았다. 단지 신이 세계를 다른 방식으로 만들었다면, 더 많은 악이 생겨났을 거라고 생각했을 뿐이다.

라이프니츠의 철학을 잘 이해하게끔 도와주는 말이 있다.

> 낙관적인 사람은 이 세계가 가능한 세계 중에 최선이라고 생각한다. 비관적인 사람은 정말로 그런 걸까봐 두려워한다.

엄격한 라이프니츠식 합리론의 관점에 따르면, 사실 이 세계는 그저 그 상태로 있을 뿐이다. 낙관적인 태도든 비관적인 태도든 세계에 관한 중립적이고 객관적인 진실과는 별 관계가 없는, 지극히 개인적인 태도일 뿐이다. 다음과 같은 말처럼.

> 낙관론자는 "유리잔에 물이 절반 차 있네"라고 말한다. 비관론자는 "유리잔에 물이 절반밖에 없네"라고 말

한다.

그리고 합리론자는 "이 유리잔은 필요한 정도보다 두 배 크네"라고 말한다.

물론 이 이야기도 유리잔이 얼마나 깨끗한지, 안이 잘 비치는지 정도에 따라 입장이 달라질 수 있다.

무한과 영원

이 세계가 너무나 멋진 곳이든 그렇지 않은 곳이든, 우리는 모두 이 세계를 아주 짧게 여행할 뿐이다. 그런데 잠깐, 무엇에 비해서 짧다는 건가? 무한한 우주의 시간에 비해서?

무한 개념은 거의 영원 같은 긴 시간 동안 형이상학자들을 괴롭혀왔다. 뭐, 사실 형이상학자가 아닌 대다수 사람한테는 그리 중요하지 않겠지만.

소 두 마리가 목장에 있었다. 한 소가 다른 소에게 가서 말했다. "그거 알아? 원주율은 보통 다섯 자릿수로 줄여 쓰는데, 실제로는 무한하대."

그러자 다른 소가 대답했다. "그래서 뭐어어어어~."

영원이라는 개념에 상대성 개념을 조합한 이야기도 하나 살펴보자.

> 한 환자가 의사에게서 6개월 시한부라는 이야기를 들었다. 환자는 슬픈 표정으로 물었다. "그럼 앞으로 제가 할 수 있는 게 뭐가 있을까요?"
> 의사가 답했다. "음, 하나 있습니다. 철학자와 결혼하는 거죠."
> 환자가 의아해하며 물었다. "그게 제 병을 치료하는 데 도움이 되나요?"
> 의사가 답했다. "병을 치료할 순 없습니다. 다만 6개월을 영원처럼 느끼게 만들 순 있죠."

이 이야기는 철학적인 질문을 던진다. "철학자랑 결혼한다고 어떻게 6개월이 영원처럼 느껴지지?" 이런 질문을 하는 사람은 아마 철학자와 반나절 이상 함께 있어 본 적이 없을 거다.

결정론 대 자유의지

지금 여기 살아있는 동안만이라도, 우리는 정해진 운명을 거스를 수 있을까?

엄청나게 오랜 세월에 걸쳐, 철학자들은 인간이 정말 자유롭게 결정하고 행동하는지, 아니면 모든 결정과 행동이 사실은 신의 의지나 운명, 역사, 환경, 유전자, 또는 마이크로소프트·메타·구글·빅데이터 같은 외부 힘에 의해 결정되는지 고민했다.

그리스 비극 작가들은 어떤 사건이 일어날 때, 그 인물의 성격이나 타고난 한계들(예컨대, 인간으로서 불행한 운명이 닥치는 걸 예측할 수 없다는 점, 회사원으로서 매일 아침 출근해야 한다는 점 등)이 결정적 영향을 미친다고 생각했다. 그래서 그들은 운명과 미래를 알려준다는 델포이의 아폴론 신전 기둥에 이런 문구를 새겼다고 한다. "너 자신을 알라."

직장인이 매주 월요일을 두려워하는 이유는? 직장에선 자유롭지 못하다고 생각하기 때문이다. 그런 마음을 가지고 책을 읽고 있다면, 이 이야기가 도움이 될지 모르겠다. 1978년 노벨 문학상을 수상한 소설가 아이작 싱어는 자유의지를 믿느냐는 질문을 받았을 때 어깨를 으쓱하며 이렇게 말했다. "뭐, 다른 선택지가 있나요?"

이건 몇몇 철학자가 진지하게 받아들인 입장이기도 하다. 자유의지는 있다고 믿을 수밖에 없다. 그것이 없으면 어떻게 범죄자에게 도덕적·법적 책임을 묻고, 또한 어떻게 직장인이 매주 월요일마다 다시 힘내서 출근할 수 있겠는가?

물론 최근에는 통제할 수 없는 어떤 요인이 우리 행동을 결정한다는 식의 사고가 개인의 도덕적 책임을 무디게 만들기도 한다. 마치 과자 속에 든 설탕이 살인을 저지르게 강요했다는 식이랄까?(범죄자가 설탕이나 카페인 등을 많이 섭취한다며, 범죄와의 연관성을 주장하는 이들이 있다 – 역자 주) 어느덧 널리 쓰이게 된 사이코패스라는 용어라든지, 술을 너무 마셔서 무슨 일을 저질렀는지 모르겠다든지 하는 주장들은 "악마가 나를 그렇게 만들었어요"라는 말의 최신 심리학 버전인 셈이다.

철학자 중에도 "신이 내가 이렇게 하도록 만드셨다. 신은 이 우주의 가장 작은 부분까지 모두 결정하신다"고 말하는 결정론자들이 있었다. 17세기 철학자 스피노자와 18세기 신학자 조너선 에드워즈가 이런 종류의 신학적 결정론을 주창한 주요 인물이다. 그런데 한편으로 스피노자는 당대에 무신론자 또는 범신론자라는 평가도 받았다. 스피노자의 신은 자기 힘이나 의지가 아니라, 필연적인 법칙들을 통해 세상을 다스렸기 때문이다. 인간은 오직 그런 필연 법칙 아래에서, 자신을 지키고 더 나아지려는 의지(코나투스)를 가질 뿐이다.

다음 농담을 살펴보자.

> 모세와 예수, 그리고 하얀 턱수염을 멋지게 기른 노인이 골프를 치고 있었다. 먼저 모세가 멀리 샷을 날렸다. 공이 페어웨이에 떨어지긴 했는데, 그만 또르르 굴러서 연못에 빠져버렸다. 그러자 모세는 골프채를 들어 연못물을 반으로 갈랐고, 공이 다시 페어웨이로

굴러 들어왔다.

다음으로 예수가 멀리 샷을 날렸는데, 연못으로 날아간 공은 마치 땅에 떨어진 것처럼 계속 물 위에 떠 있었다. 예수는 무심히 연못 위를 걸어가서 공을 그린 위로 올렸다.

마지막으로 노인이 공을 쳤다. 공은 울타리에 부딪친 뒤 길거리로 튀어 나갔지만, 마침 그 길로 오던 트럭에 맞아 튕기더니 페어웨이로 들어왔다. 연못 방향으로 굴러가던 공은 연꽃잎 위에서 멈췄는데, 개구리 한 마리가 그걸 보고는 공을 냉큼 입에 넣었다. 그러자 독수리 한 마리가 하늘에서 내려와서는 개구리를 낚아채 하늘로 올랐다. 독수리와 개구리가 그린 위를 날던 중 개구리 입에서 공이 떨어졌고, 공은 홀컵 안으로 들어갔다. 홀인원이었다.

그러자 모세가 짜증스런 표정으로 예수에게 말했다.

"이래서 당신 아버지랑 게임하기 싫다니까."

과정철학

한 철학자는 '이 세상 모든 곳에 손길을 뻗치는 신이 있다'는 사고방식에 화가 났다. 그래서 20세기 철학자 화이트헤드는 신이 미래를 결정할 수 없을 뿐만 아니라, 오히려 미래가 신을 결정한다고 주장했다. 그의 철학에 따르면 신은 전지전능하고 시간에서 벗어난 존재가 아니라, 도리어 시간과 사건에 의해 변화된다. 포켓몬이나 뉴에이지 추종자들의 말처럼 진화한다고 할까.

> 자기 가게에서 일하던 앨빈은 문득 하늘에서 울려 퍼지는 목소리를 들었다. "앨빈, 네 가게를 팔아라."
> 앨빈은 무시했다. 그런데도 "앨빈, 네 가게를 300만 달러에 팔라니까"라는 목소리가 계속 이어지자, 몇 주 뒤 그는 마지못해 가게를 팔았다.
> 그러자 목소리가 말했다. "앨빈, 라스베이거스로 가라."
> 앨빈은 이유를 물었다. 그러자 이런 답변이 들려왔다. "앨빈, 그냥 그 300만 달러를 들고 라스베이거스로

가라."

앨빈은 그 목소리를 따라 라스베이거스 카지노에 들렀다. 그러자 목소리가 말했다. "앨빈, 블랙잭(카드를 받아 21에 가깝게 만들면 이기는 게임-역자 주) 판에 가서 올인하거라."

앨빈은 망설였지만 따르기로 했다. 그가 처음 받은 카드 합은 18이었다. 딜러는 6을 보여줬다.

"앨빈, 카드를 받아라."

"네? 여기서 또 카드를 받으라고요?"

"카드를 받으라니까."

앨빈은 불안해하면서도 추가 카드를 요구했고, 다이아 A를 받았다. 19였다. 안도의 한숨을 내쉰 그에게 목소리가 말했다.

"또 카드를 받아라."

"뭐라고요?"

"얼른 카드를 받지 않고 무얼 하느냐!"

결국 카드를 요청했고, 하트 A를 받았다. 카드 합은 20이 되었다. 목소리는 또다시 말했다. "자, 다른 카드를 받아라."

앨빈은 소리를 질렀다. "전 지금 20이라고요!" "잔말 말고 카드를 받으라니까!"

그는 거의 울 듯한 표정으로 카드를 요청했다. 스페이드 A, 21로 앨빈의 승리였다!

"정말 이렇게 해주셨군요!"

그러자 목소리가 나지막이 울려 퍼졌다. "와, 이게 진짜로 되네…."

오호, 신도 자기 능력에 꽤 놀란 것 같다.

화이트헤드의 철학은 버트런드 러셀과 함께 쓴 《수학원리》에 잘 정리되어 있다. 다만, 어찌나 어려웠던지 내용을 이해한 사람은 저자 둘뿐이라는 말이 있다. 물론 그는 사람들이 이해하기 쉬운 짧은 버전도 준비했다. "유럽의 철학 전통은 모두 플라톤에 대한 각주들이다."

좀 더 간단한 철학은 없을까?

이처럼 철학에는 다양한 형이상학 담론이 있다. 하지

만 반대 흐름도 늘 있었다. 이 흐름은 최근 200년 사이에 과학적 세계관이 승리를 거두면서 더 고조됐다. 루돌프 카르나프와 빈 학파는 아예 형이상학을 철학의 영역에서 쫓아내려고 했다. 자연과학에 의해 대체되어 가는 비합리적 공상에 불과하다는 이유였다.

카르나프와 빈 학파는 '오컴의 면도날'로 알려진 절약의 원리를 생각해낸 14세기 신학자 윌리엄 오컴에게서 단서를 얻었다. 이 원리는 "이론은 필요한 정도보다 더 복잡해선 안 된다"고 선언한다.

예를 들어, 아이작 뉴턴이 사과가 떨어지는 걸 보면서 "알았다! 물건을 들어올리는 도깨비와 떨어뜨리려는 요정이 사과로 줄다리기를 했는데, 요정이 더 세서 사과가 떨어진 거구나"라고 말했다면 어떨까? 그러면 오컴은 이렇게 대꾸할 것이다. "그래, 아이작. 말이 되긴 해. 그런데 좀 더 간단한 버전은 없을까?"

오컴의 말에 카르나프도 아마 동의할 것이다.

저녁을 먹고 난 뒤, 다섯 살 아이가 아빠에게 물었다. "엄마는 어디 갔어?"

아빠가 답했다. "엄마는 타파웨어 파티에 갔어."

아이는 이내 궁금증이 생겨 또 물었다. "타파웨어 파티가 뭔데?"

아버지는 가장 좋은 간단한 설명을 생각해냈다. "음, 그건 여러 사람이 모여 앉아서 서로 플라스틱 그릇을 사고파는 모임이야."

아이가 웃으면서 말했다. "에이, 그게 뭐야. 장난치지 말고 빨리 제대로 말해줘요."

타파웨어 파티는 과거에 굉장히 유행했던, 실제로 여러 사람이 둘러앉아서 서로서로 플라스틱 그릇을 사고파는 게 전부인 모임이다. 물론 타파웨어사 마케터들은 다들 형이상학자들이어서, 그런 행동이 보이는 것처럼 간단한 게 아니라고 주장할 테지만.

오리너구리: 넌 간단한 질문 하나만 해도 열 개나 되는 답을 늘어놓는데 말이야. 그게 하나라도 일상에 도움이 돼?
철학자: 일상적인 도움을 바란다면, 사회복지사라도 만나보든지.

오리너구리: 아니, 그게 아니고. 나는 어떤 답이 진실인지 알고 싶다니까?

철학자: 아하. 나랑 논쟁하고 싶은 거라면, 얼른 다음 장으로 넘어가야겠군.

2

실패에 성공한 사람은 성공한 걸까, 실패한 걸까?

**친구를 잃어도
논쟁은 이겨먹겠다는 이들을 위한 논리학**

논리가 없으면, 이성도 쓸모가 없어진다.
하지만 논리만 따지면, 말싸움에서는 이길지 몰라도
사람을 잃고 말 것이다....

오리너구리: 철학자마다 말이 너무 다른데, 대체 누구 말이 맞는 거지?

철학자: 음, 먼저 '맞는다'는 게 어떤 뜻일까?

오리너구리: 또 시작이네. 왜 너는 질문에 답은 안 하고, 계속 다른 질문만 던지는 거야?

철학자: 거기에는 또 무슨 문제가 있는 거지?

오리너구리: 휴, 그래. 솔직히 질문이 필요 없는 것도 있잖아. 어떤 건 그냥 맞으니까. 예를 들어, 2 더하기 2는 4인 것처럼. 무조건 맞는 말, 끝! 아냐?

철학자: 자, 너는 그걸 어떤 근거로 확신하지?

오리너구리: 그야…, 나는 똑똑한 아테네 오리너구리니까.

철학자: 와우, 굉장히 논리적인 대답이네.

무모순율

아리스토텔레스 논리학에 관한 옛날이야기로 시작해 보자.

한 랍비(유대교에서 현자나 스승을 가리키는 단어 – 역자 주)가 자기 마을에서 강연을 하고 있었다. 슈무엘이 일어서서 억울함을 호소했다. "랍비님, 이츠하크가 내 땅에 양을 몰고 가서 작물을 망치고 있습니다. 내 땅에서 그러는 걸 막아주세요."

랍비가 말했다. "당신 말이 옳군요."

그러자 이츠하크가 일어나서 말했다. "하지만 랍비님, 양이 연못에서 물을 마시려면 어쩔 수 없이 슈무엘의 땅을 지나가야만 합니다. 그러지 않으면 양이 다 죽겠죠. 몇백 년 동안 모든 양치기가 연못 근처의 땅으로 가는 통행권을 갖고 있었고, 저한테도 그 권리가 보장돼야 합니다."

랍비가 말했다. "당신 말이 옳습니다."

우연히 이 이야기를 다 들은 세탁업자가 랍비에게 말했다. "랍비님, 두 사람의 말이 동시에 옳을 수는 없습니다."

랍비가 대답했다. "오, 당신 말도 옳습니다!"

랍비는 아리스토텔레스가 이야기한 무모순율을 위반

했다. 랍비 입장에서야 양쪽 입장이 다 그럴 듯하다고 느꼈을지 모르지만, 양쪽 다 만족하지 못할 것은 분명하다. 무모순율이란 이처럼 어떤 사물이나 사건에 대해 그러하다고 긍정하거나, 그러하지 않다고 부정하는 것을 동시에 할 수는 없다는 규칙이다.

비논리적 추론

비논리적 추론은 철학자들의 오랜 골칫덩이였다. 하지만 분명히 말하건대, 일상에서도 종종 씨먹을 만하다. 그 효과를 단적으로 보여주는 이야기가 있다.

> 한 아일랜드 사람이 더블린의 어느 바에 들어가서 기네스 맥주 세 잔을 시킨 뒤 쭉 들이켰다. 첫 번째 잔을 조금 마신 뒤에 옆에 있던 잔을 들어 마시는 식으로, 세 잔을 모두 마셨다. 그러고는 세 잔을 더 시켰다. 바텐더가 말했다. "한 번에 한 잔씩 시켜야 김이 덜 빠질 거예요."

아일랜드 사람이 말했다. "알아요. 하지만 내겐 형제가 둘 있습니다. 지금은 각각 미국과 오스트레일리아에 있죠. 우리는 헤어질 때 약속했어요. 술을 마실 땐 셋이 같이 마시던 날들을 기억하면서 이런 방식으로 마시자고요. 두 잔은 형제들 몫이고, 나머지 하나가 제 것이죠."

감동받은 바텐더가 말했다. "정말 멋지네요!"

이후 아일랜드 사람은 종종 바에 들러 늘 같은 방식으로 맥주를 주문했다.

그런데 하루는 그가 들어오더니 두 잔만 주문했다. 바텐더와 다른 단골들이 이 장면을 보았고, 순간 침묵이 바를 감쌌다. 그가 추가로 두 잔을 시키자, 바텐더가 조심스레 말을 꺼냈다. "형제 중 한 분이 안타까운 일을 겪으셨나 보네요. 정말 유감입니다."

그러자 아일랜드 사람은 의아한 표정을 짓다가 대답했다. "아, 별일 없어요. 그냥 와이프가 술 마시지 말라고 해서 형제들 몫만 시키는 겁니다."

자, 어떤 식으로 쓰는지 알겠지?

귀납논리

귀납논리는 개별 사례에서 일반 이론을 끌어낸다. 자연과학에서 이론(가설)을 입증하는 데 쓰는 방법이기도 하다. 당신이 나무에서 떨어지는 사과를 충분히 관찰한다면, 사과가 위나 옆이 아니라 항상 아래로 떨어진다고 결론 내릴 것이다. 나아가 배나 바나나 등 추락하는 다른 물체들까지 포함하는 더욱 일반적인 가설도 만들 수 있을 거다. 오늘날까지 자연과학은 이런 방식으로 발전해왔다.

문학의 역사에서 추리력으로 가장 유명한 캐릭터는 셜록 홈스다. 그런데 홈스는 연역추리로 유명하지만, 사실 "정보를 얻기 전에 이론화하면 안 된다. 자기도 모르게 이론에 맞춰 사실을 왜곡하기 때문이다"라고 말할 만큼 귀납논리를 애용한다. 물론 우리가 일반적으로 생각하는 귀납논리와는 약간 차이가 있지만. 이제 그가 어떻게 추리하는지 살펴보자.

홈스와 왓슨이 캠핑을 떠났다. 한밤중에 눈을 뜬 홈스

가 왓슨을 깨웠다. "왓슨, 하늘을 좀 봐봐. 뭐가 보이지?"

왓슨이 말했다. "수많은 별이 보이는데."

"자, 그럼 거기서 우리는 어떤 결론에 도달할 수 있을까?"

왓슨은 잠시 고민하다 답했다. "음, 천문학적으로는 수많은 은하와 그보다 훨씬 더 많은 행성이 있다는 걸 알 수 있고, 점성학적으로는 사자자리에 토성이 보이니까 3시 15분쯤이라는 걸 알 수 있지. 기후학적으로는 내일 날씨가 맑을 것 같고. 또 수많은 별과 넓은 밤하늘은 우주의 광활함과 우리 존재의 작고 보잘것없음을 알려주는 것 같군. 홈스, 자네는 어떤가?"

가만히 왓슨의 말을 듣고 있던 홈스가 입을 열었다. "멍청아! 지금 누가 우리 텐트 훔쳐갔잖아!"

왓슨의 귀납논리는 홈스와 무엇이 다를까? 홈스의 추리 과정은 아마 다음과 같을 것이다.

1. 나는 텐트 안에서 잠들었는데, 눈을 떠보니 별이

보인다.
2. 예전에 겪은 비슷한 경험으로 만든 직관적 작업가설에 따르면, 누군가 우리 텐트를 훔쳐갔다.
3. 이 가설이 맞는지 증명하기 위해, 다른 대안 가설을 제거해보자.
4. 텐트는 여전히 있고 누군가 별 그림을 텐트 지붕에 펼쳐놨을 가능성. 이건 인간의 일반적 행동에 대한 과거 경험에 비춰볼 때 그럴듯하지 않다.
5. 텐트가 바람에 날려갔을 가능성. 이것도 그럴듯하지 않다. 과거 경험에 따르면 그 정도 바람이 불면 나나 왓슨이 깼을 텐데 그러지 않았다.
6. 그렇다면 내가 처음 생각한 가설이 맞을 것이다. 우리는 텐트를 도둑맞았다.

왓슨과 달리, 홈스는 추리 과정에서 작업가설을 세우고 이를 검증하는 방법을 택했다는 걸 알 수 있다. "가설을 유효하게 받아들이고, 그 가설을 따라가 보자"는 것이 바로 홈스의 생각이다. 우리들 역시 농담이 철학 그리고 삶을 이해하는 데 쓸모가 있다는 작업가설을 세우고 있다. 맞는지는 책장을 덮을 때쯤 알게 되겠지.

반증가능성

환자: 어젯밤 멋진 사람과 밤새 사랑을 나누는 꿈을 꿨어요.
상담심리사: 저런, 당신은 어머니와 하룻밤을 보내고 싶은 무의식적 욕망을 가진 게 분명하군요.
환자: 네? 꿈에 나온 사람은 엄마랑 하나도 안 닮았는데요.
상담심리사: 그런 걸 반동형성이라고 합니다. 역시 진짜 욕망을 억압하고 있었군요.

귀납적으로 얻은 지식을 어떻게 일반 지식으로 만들 수 있을까. 보통 보편적이고 일반적인 지식은 누구도 이의를 제기할 수 없다고 생각하기 쉽지만, 그렇지 않다. 오히려 진리에는 반드시 반증가능성이 열려 있어야만 한다. 누구도 반박하지 못하는 말은 진리가 아니라, 오히려 틀린 말일 확률이 크다.

위 이야기에서 상담심리사의 태도는 좀 어이없지만, 실제로 몇몇 프로이트주의자는 비슷한 방식을 사용한다. 이런 방법의 문제는 프로이트식 오이디푸스 콤플렉스 이론(그리스 신화에서 아버지를 죽이고 어머니와 결혼한 오이디푸스처럼, 아들은 아버지에게 적대적이고 어머니에겐 무의식적으로 성적 애착을 갖는다는 프로이트의 심리학 이론-역자 주)을 반증할 방법이 없다는 점이다. 20세기 철학자 칼 포퍼는 귀납논리를 비판하면서, 어떤 이론이 참이려면 오히려 그 이론이 거짓이라는 점을 증명할 수 있는 상황(반증가능성)이 반드시 주어져야 한다고 주장했다. 농담 속 상담심리사의 태도처럼 모든 반증을 거부하는 태도는 결코 과학적이지 않다.

포퍼의 논점을 분명하게 드러내는 이야기를 하나 더 살펴보자.

> 어떤 부부가 아침밥을 만들고 있었다. 남편이 빵에 버터를 바르면서 말했다. "혹시 그거 알아? 토스트를 떨어뜨리면, 항상 버터 바른 쪽이 아래로 간대."

아내가 답했다. "설마. 버터 바른 쪽이 바닥으로 떨어지면 청소할 때 짜증나니까 인상에 더 강하게 남는 거 아냐? 확률적으론 버터 안 바른 쪽이나 바른 쪽이나 거의 반반 떨어지겠지."

남편이 말했다. "아, 그래? 내기할래?"

그리고 토스트빵을 던져서 바닥에 떨어뜨렸는데, 이게 웬 걸. 버터 바른 쪽이 위로 향했다. 상황을 지켜보던 아내가 의기양양한 표정으로 말했다. "자, 내가 말한 대로지?"

그러자 남편은 고개를 한참 갸웃거리다가, 마침내 확신에 찬 표정으로 말했다. "아, 이제야 알았다! 내가 잘못된 쪽에 버터를 발랐었네."

어이쿠. 이런 태도라면, 아마도 이 세상에 있는 그 어떤 종류의 증거를 내밀어도 자기가 틀렸다고 인정하지 않겠지.

연역논리

연역논리는 귀납논리와 반대로 일반적인 것에서 개별적인 것을 추론한다. 가장 기초적인 연역은 삼단논법이다. "모든 사람은 죽는다. 소크라테스는 사람이다. 그러므로 소크라테스는 죽는다."

그런데 얼마나 많은 사람이 이것을 "모든 사람은 죽는다. 소크라테스는 죽는다. 그러므로 소크라테스는 사람이다"라고 잘못 써먹고 있는지 알면 놀랄 것이다. 언뜻 닮아 보이지만, 뒤의 문장은 논리적이지 않다. 이건 "모든 사람은 죽는다. 내 반려견은 죽는다. 그러므로 내 반려견도 사람이다"라고 말하는 것과 같다.

연역 논증의 단점은 잘못된 전제에서 결론을 이끌어 낼 수 있다는 점이다.

중년의 카우보이가 술집에 가서 위스키를 주문했다. 잠시 뒤, 한 젊은 여성이 카우보이의 옆에 앉았다. 여성이 카우보이에게 물었다. "당신 진짜 카우보이예요?"

그가 답했다. "그럼. 평생 목장에서 말 키우고 울타리 고치면서 살았는데. 내가 카우보이가 아니면 누가 카우보이겠소."

그녀가 답했다. "저는 레즈비언이에요. 온종일 여자만 생각하죠. 아침에 일어나자마자, 샤워하거나 TV 볼 때나 언제나요."

잠시 후, 그녀가 자리를 떠나고 이번엔 한 노부부가 카우보이 옆에 앉아서 물었다. "당신은 진짜 카우보이인가요?"

그가 답했다. "오랫동안 카우보이라고 생각했는데, 사실 방금 내가 레즈비언이라는 사실을 깨달았소."

카우보이의 생각은 어디서부터 잘못된 걸까. "당신 진짜 카우보이에요?"라는 첫 번째 질문에 답하면서 그는 이렇게 추론했다.

1. 만약 어떤 사람이 카우보이가 하는 일에 평생을 바쳤다면, 그는 진짜 카우보이다.
2. 나는 카우보이가 하는 일에 평생을 바쳤다.

3. 그러므로 나는 진짜 카우보이다.

젊은 여성은 이렇게 추론했다.

1. 만약 어떤 여성이 온종일 여자만 생각한다면, 그는 레즈비언이다.
2. 나는 여성인데, 온종일 여자만 생각한다.
3. 그러므로 나는 레즈비언이다.

온종일 여자만 생각한다는 명제에 꽂힌 탓일까. 카우보이가 젊은 여성과 같은 결론에 이르렀을 때, 실은 벌써 자기한테 맞지 않는 잘못된 전제를 끌어들였다.

유비추리를 포함하는 귀납논리

유비추리(유추)에서 나오는 논증은 없다. 아니, 잠깐. 하나 생각났다. 누가 우주를 만들었는지 대답하기 위해선 유추에서 나오는 논증이 필요할지 모른다. 우주가 시계와 비슷하다고, 시계가 있으려면 시계제작자가 꼭 필요한 것처럼, 우주 역시 우주제작자가 반드시 있어야 한다고 말하는 사람들이 있긴 하니까.

18세기 철학자 데이비드 흄은 이러한 주장이 불분명한 논증이라고 생각했다. 우주는 오직 다른 우주와 비교해야지, 우주의 극히 일부에 불과한 시계를 우주에 갖다 대서는 제대로 된 비교를 할 수 없다는 것이다.

흄은 왜 우주를 굳이 시계와 비교하냐고 묻는다. 우주를 캥거루와 비교하면 안 되나? 하지만 캥거루를 활용하면, 우주의 기원에 관해 시계와는 아주 다른 결론에 도달하게 된다. '이 우주는 다른 우주와 짝짓기를 해서 제3의 우주를 낳을 것이다.'

이런 식의 유추를 활용한 논증의 근본적 문제점은, A의 어떤 측면이 B와 비슷하면 A의 다른 측면도 B와 비슷할 것이라고 가정한다는 점이다. 반드시 그렇게 되는 것은 아니라는 걸, 애증 가득한 부모 자식 관계나 성격이 전혀 다른 쌍둥이의 경우만 봐도 알 수 있다.

유추를 사용한 논증의 다른 문제점은 관점이 바뀌면 유추의 초점도 완전히 바뀐다는 것이다.

오늘날에는 앞선 '시계공 논증'이 '지적설계론'이라는 이름으로 재등장했다. 아름다운 육각형 눈송이, 우리 눈의 정교함 같은 걸 예시로 들면서, 엄청나게 복잡한 자연현상이 있기 위해선 지적으로 우월한 설계자가 있어야 한다고 주장하는 것이다. 펜실베이니아 도버 교육위원회는 학교 교육과정에 진화의 '대안 이론'으로 이런 지적설계론을 포함하자는 요구를 받자 이렇게 일축했다. 그런 주장을 하는 사람들은 초등학교부터 다시 다녀야 한다면서, 그런 식의 아이디어는 SF 영화에서나 쓸모 있다고.

신의 전공이 무엇이기에 인체가 이렇게 만들어졌는지, 공학도 셋이 모여 토론하고 있었다. 첫 번째 공학도가 말했다. "신은 기계공학자야. 관절의 구조를 봐봐."

둘째 공학도가 말했다. "내 생각엔 전기공학자일 수밖에 없어. 신경체계는 다 전기 연결로 이뤄졌잖아."

셋째 공학도가 말했다. "너네 다 틀렸어. 신은 도시공학자라니까. 그게 아니면 어떻게 재생산 담당 영역이랑 쓰레기 배출구를 같이 쓰도록 기막히게 효율적으로 만들었겠어?"

결국 유추를 통한 논증은 얼핏 보기에는 그럴듯해 보여도, 꼼꼼하게 따지면 문제가 드러나는 경우가 많다. 앞서 신 존재를 증명한답시고, 엉뚱하게 시계공의 예시를 드는 사람들처럼 말이다. 다음 같은 논증도 맞는지 틀린지 한번 살펴보자.

1. 오래 묵힌 와인의 풍미가 좋듯이, 지식도 오래될수록 가치가 있다.
2. 학생들이 시험을 볼 때 교과서를 볼 수 있게 허락해야 한다. 변호사나 의사도 일할 때 책을 참고하는 것처럼.
3. A 살충제는 사람에게 암을 유발할 수 있으므로 사용이 금지됐다. 그렇다면, 자동차도 사람을 죽일 수 있으므로 사용을 막아야 한다.

인과관계의 오류

선후관계를 인과관계로 착각하는 오류가 있다. 예컨대 "닭이 울면 해가 뜬다. 그러니 닭이 울어야만 해가 뜬다"는 주장은 옳을까? 사실이라면 인간은 매일 아침 닭에게 감사해야 할 거다. 뭐, 그게 아니어도 닭에게 감사할 일은 많지만.

우리는 사건 A 뒤에 B가 일어나면, A가 B의 원인일 거라고 가정하는 오류를 쉽게 저지른다. 사실 정치인이나 언론인들이 이런 방식의 논리적 오류를 꽤 좋아한다. 예를 들어, "게임을 하면, 아이들의 폭력성이 증가한다"라는 주장을 살펴보자. 어떤 부모들은 맞다며 고개를 끄덕일지 모르지만, 실제로 게임과 폭력성 사이에는 인과관계가 없다. 아이들의 폭력성이 증가하는 데에는 오히려 가정 환경이나 부모와의 관계, 교육 수준 등의 요소가 훨씬 크게 영향을 끼친다.

> 어떤 사람이 매일 아침마다 발코니에 가서 소리쳤다.
> "제발 호랑이가 안 나타나게 해주세요!"

그러자 이웃사람이 궁금해서 물어봤다. "매일 아침 왜 그러는 겁니까? 이 주변 수백 킬로미터 안에는 호랑이가 한 마리도 없는데."

그가 어깨를 으쓱하며 답했다. "잘 알겠죠? 내 기도가 얼마나 잘 먹히는지."

이러한 오류들은 우리의 착각에 정비례해서 계속 늘어난다.

어떤 남자가 길을 걷다가 때마침 하늘을 지나던 비둘기가 싼 똥에 맞고 말았다. 그는 몹시 짜증을 내며 머리를 털었는데, 문득 바닥에 떨어진 100달러 지폐를 발견했다. 얼마 뒤 그는 다시 길을 걷다가 이번에도 또 비둘기가 싼 똥에 맞았다. 역시 화를 내며 화장실을 쓰기 위해 근처 카페로 들어갔는데, 거기서 이상형의 연인을 만나게 됐다.

어느덧 그는 하늘만 쳐다보면서, 비둘기만 보이면 웃다가 짜증을 내다가 하며 쫓아다녔다. 그 모습을 의아하게 본 한 노인이 물었다. "아니, 대체 왜 비둘기를 쫓아다니면서 소리치는 거요?"

그는 퉁명스레 답했다. "어르신은 알 필요 없습니다."

그런데 갑자기 노인의 머리 위로 비둘기 똥이 떨어졌다. 노인이 인상을 찌푸리며 머리를 털자, 남자는 허탈한 표정으로 대답했다. "빌어먹을, 이제 내 행운의 비밀을 알아차리겠군!"

남자는 비둘기 똥을 맞는 불운과 그 이후 생긴 행운 사이에 인과관계가 있다고 믿은 것이다. 바보 같은 농담을 하나만 더 살펴보자.

여든네 살 생일을 맞은 남성이 운세도 볼 겸, 용하다는 어떤 점성술사를 찾아갔다. 그는 자신이 굉장히 동안이라고 생각해서 말했다. "오늘이 내 생일입니다! 몇 번째 생일인지 아시겠습니까?"

점성술사가 답했다. "정말요? 내가 당신 나이와 직업을 맞혀볼게요."

"정말요? 어떻게요?"

"아주 쉽죠. 손만 대보면 압니다."

그가 내민 손을 잡은 뒤, 점성술사가 말했다. "여든 네 살이군요. 이제 이마를 보여주세요."

남성은 놀란 표정으로 이마를 내밀었다. 점성술사가 다시 이마에 손을 대더니 말했다. "직업은 정원사고요!"

그가 황급히 몸을 뒤로 피하며 말했다. "어떻게 알았죠? 정말 손만 대면 모든 걸 다 아나요?"

점성술사가 웃으며 말했다. "사실 예약할 때 다 기입하신 정보들입니다."

여든네 살 노인도 선후관계와 인과관계를 착각하는 오류에 빠졌다. 점성술사가 자신을 만진 뒤에 나이를 알고, 또 한 번 더 만진 뒤 직업을 알게 됐다고 착각한 것이다. 사실은 자기가 예약할 때 정보들을 다 알려줬다는 것도 잊어버린 채.

이런 식으로 선후관계를 인과관계로 착각하는 오류는 뒤에 일어난 사건을 일으키는 다른 원인이 있다는 걸 미처 생각하지 못해서 발생한다.

뉴욕에 사는 한 보이스카우트 소년이 방학을 맞아 루이지애나에 있는 사촌을 찾아왔다. 탐험을 위해 늪을 가로질러 가려는데, 혹시 악어가 있을까 걱정이 들었다. 그러자 사촌은 가만히 손전등 하나를 건넸다.

그렇게 해서 습지 중간쯤 왔을 때, 문득 뉴욕 소년이 물었다. "그러니까 이 손전등만 켜면 악어가 안 덤빈다는 거지?"

사촌이 의아하다는 표정으로 답했다. "그건 네가 손전등을 들고 얼마나 빨리 뛰는가에 달렸지."

가엾은 뉴욕 소년에게 믿을 만한 건 손전등밖에 없으니, 그것만 있으면 악어를 물리칠 수 있다고 지레 생각할 수밖에.

몬테카를로 오류

도박꾼들은 몬테카를로 오류가 뭔지 알 것이다. 물론 몇몇은 이게 오류라는 이야기를 들으면 놀란다. 그들은 이걸 오류가 아니라 유용한 전략이라고 생각하니까. 실제로 딜러들이 써먹기도 하고.

카지노에 있는 룰렛 원판을 떠올려보자. 원판의 절반은 빨강, 절반은 검정이라 공이 빨강 자리에 들어갈 확률은 50퍼센트다. 확률을 판단하기에 충분히 많은 횟수, 예를 들어 10만 번을 돌린다고 해보자. 원판이 망가지거나 다른 편법을 쓴 일이 없다면 평균적으로 빨강 자리에 절반 정도는 들어갈 것이다. 그런데 우리가 원판을 여섯 번 정도 돌려서 모두 검정 자리에 공이 들어갔다고 치자. 이어서 일곱 번째 차례에는 어디에 돈을 걸겠는가?

아마 이번에야말로 운명의 여신이 웃어준 것 같다는 느낌이 슬슬 들면서, 빨강 쪽에 큰돈을 걸고 싶지 않겠는가. 그런데 이렇게 생각하는 게 맞나? 그럴 리 없지. 원판 위의 공이 빨강에 들어갈 확률은 어떤 경우에도 높아지지 않고, 일곱 번째 차례에도 정확히 50퍼센트다. 모든 판이 다 그런 것처럼.

몬테카를로 오류를 기반으로 한 어떤 현명한(?) 충고에 귀 기울여보자.

만약 당신이 대형 여객기에 타야 한다면, 안전을 고려해 폭탄을 들고 타는 게 좋다. 한 비행기에 폭탄을 든 사람이 둘일 가능성은 하나일 가능성에 비해 아주 작기 때문이다.

순환논증

순환논증은 어떤 명제의 근거를 들 때, 다른 게 아닌 그 명제 자체를 제시하는 것이다. 이 오류에 빠지면, 사람들의 웃음거리가 되기 십상이다.

가을이 무르익고 있던 어느 날이었다. 한 아메리카 원주민이 새로 지도자가 된 이에게 올겨울이 얼마나 추울지 물었다. 사실 신규 지도자는 겨울이 추울지 따뜻할지 알아낼 신통력이 없었다. 그래도 유비무환이라는 말이 있으니, 그는 부족 사람들에게 땔감을 모아 추운 겨울을 대비하라고 얘기했다.

며칠 뒤, 그는 좀 더 과학적인 방법이 생각났다. 바로 기상청에 전화해서 추운 겨울을 대비해야 할지 물어보는 것이었다. 과연 전화기 너머 기상청에선 이번 겨울이 아주 추울 것 같다고 답했다. 자신감이 생긴 지도자는 부족 사람들에게 땔감을 더 많이 저장해 두라고 말했다.

몇 주 뒤, 지도자는 기상청에 다시 전화를 걸었다. "정말 이번 겨울이 추울까요?"

기상청 직원은 답했다. "그럼요. 무척 추운 겨울이 될 겁니다."

지도자는 부족 사람들에게 낙엽까지 박박 긁어모으라고 말했다.

또 몇 주 뒤, 지도자는 기상청에 마지막으로 날씨를 확인했다. 기상청 직원이 답했다. "우리가 예측하기로, 올해는 역사상 가장 추운 겨울이 될 것입니다."

지도자가 놀라서 물었다. "정말인가요? 그렇게 확신하는 이유가 뭔가요?"

그러자 기후청 직원이 답했다. "그야 아메리카 원주민들이 미친 듯이 땔감을 모으고 있으니까요."

맙소사, 대체 이들은 언제부터 순환논증에 빠져버린 걸까.

권위에 호소하는 논증

권위에 호소하는 논증은 윗사람들이 참 좋아한다. 자기들에겐 꽤 편리하기 때문이다. 사실 어떤 주장을 뒷받침하는 데 권위 있는 사람의 말을 인용하는 것이 모두 논리적 오류는 아니다. 전문가의 견해는 다른 증거와 마찬가지로 정당한 증거니까. 다만 어떤 입장에 반대되는 충분히 그럴듯한 증거가 있는데도, 그 입장을 입증할 주된 근거로 권위에 호소할 때 오류가 생긴다.

> 어느 날, 길을 걷던 테드는 친구 앨을 만나서 사색이 된 얼굴로 말했다. "앨, 뭐야 너 죽었다고 들었는데!"
> 앨이 말했다. "뭔 소리야. 지금 네가 보는 것처럼 난 멀쩡히 살아 있는데."
> 테드는 단호한 표정으로 말했다. "말도 안 되는 소리!

너 죽었다고 알려준 사람이 너보다 훨씬 더 믿을 만하단 말야!"

실제로 권위에 호소하는 논증에는 많은 사람이 권위 있다고 인정하는 사람들이 등장한다.

> 한 사람이 펫숍에 들어가 앵무새를 볼 수 있냐고 물었다. 가게 주인은 아름다운 앵무새 두 마리를 가리키며 말했다. "왼쪽 앵무새는 5000달러, 오른쪽은 1만 달러입니다."
> 손님이 말했다. "와우, 왼쪽 앵무새는 뭘 할 수 있죠?"
> 주인이 말했다. "모차르트가 작곡한 모든 아리아를 부를 수 있습니다."
> "그럼 오른쪽은요?"
> "바그너의 《니벨룽의 노래》를 기가 막히게 부릅니다. 사실 안 보여드린 앵무새도 있는데, 그건 3만 달러입니다."
> "진짜요? 그 앵무새는 뭘 하는데요?"
> "사실 전 잘 모르겠는데, 앞선 두 앵무새가 그 앵무새

를 거장이라고 부르더라고요."

권위 있는 사람들의 말에 따르면, 어떤 권위 있는 사람은 다른 권위 있는 사람에 비해서 모든 면에서 더 낫다고 한다. 문제는 한쪽이 다른 한쪽의 자격을 인정하지 않을 때다.

> 랍비 네 명이 신학적 논쟁을 하곤 했다. 그때마다 세 명은 의견이 일치하는데 늘 한 명만 달랐다. 하루는 그가 또 세 명과 논쟁하다 진 뒤에 신께 직접 호소하기로 결심했다.
> 그는 울부짖으며 말했다. "신이시여, 언제나 제가 옳고 저들이 그르다는 걸 압니다. 제 말이 옳다는 증명을 내려주소서."
> 그가 기도를 마치자마자, 화창하고 맑았던 하늘에 먹구름이 몰려와 네 랍비 위로 지나가며 천둥이 치더니 이내 흩어졌다. "신의 징표다! 봐, 내 말이 맞지? 나는 알고 있었다고!"
> 하지만 나머지 셋은 여전히 동의하지 않았다. 그들은

더운 날에도 종종 갑자기 먹구름이 끼기도 한다고 말했다. 그러자 그가 다시 기도했다. "신이시여, 제가 옳고 저들이 틀리다는 걸 보일 더 확실한 징표를 원합니다!"

그러자 큰 먹구름 네 개가 나타나더니 서로 엉켜서 하나의 구름으로 변했다. 그런 다음 언덕 위에 있던 나무로 가서 큰 벼락을 떨어뜨렸다. 그가 소리쳤다. "봤지? 내 말이 맞았어."

하지만 나머지 셋은 여전히 그 현상을 자연법칙으로 설명할 수 있다고 반박했다. 화가 난 그는 다시 한번 기도했다. 그러자 갑자기 하늘이 암흑으로 변하고 땅이 흔들리더니 굵은 목소리가 울려 퍼졌다. "그의 말이 옳다!"

그는 한껏 감동한 얼굴로 가슴을 쫙 펴고 나머지 셋을 향해 말했다. "자, 어떤가?"

셋은 잠깐 움츠러들었다가 다시 대꾸했다. "그래, 그러면 이제 3대 2 맞지?"

제논의 역설

역설은 얼추 맞는 말을 기반으로 한 추론이다. 그럴듯해 보이지만 자세히 검토하면 모순이 있거나 이상한 결론에 다다르기도 한다. 종종 그 자체로 농담이 되기도 한다. 이 책에 들어 있는 이야기 대부분이 그런 것처럼.

역설은 참된 것에서부터 논리적으로 차근차근 나아가지만, 어느덧 거짓에 다다르게 되는 뭔가 황당한 요소를 가지고 있다. 정말 황당한 일을 겪으면 자신도 모르게 웃음이 나오지 않는가. 모순되는 두 주장을 만나면 골치가 아프지만, 종종 파티에 가서 재미있는 농담거리로 써먹을 수도 있다. 뭐, 힘들 때일수록 사람들과 함께 웃을 수 있다는 게 중요하다.

역설의 대가 하면 그리스 철학자 엘레아의 제논을 빼놓을 수 없지. '아킬레우스와 거북이의 역설'에 관해 들어본 적 있는가? 둘은 달리기 시합을 한다. 당연히 아킬레우스는 거북이보다 훨씬 크고 빠르니, 시합의 공정성을 위해 거북이를 한참 앞에서 출발시키도록 하자.

일단 경기가 시작되면, 아킬레우스의 첫 번째 목표는

거북이가 출발한 곳까지 도착하는 거다. 물론, 그동안 거북이도 약간 움직였을 것이다. 그러면 아킬레우스는 다시 거북이가 지금 있는 자리로 갈 것이다. 아킬레우스가 거기로 가는 동안, 거북이는 다시 앞으로 조금 움직인다. 이런 식으로 거북이가 직전에 있던 자리로 아킬레우스가 가는 걸 무한히 반복하더라도, 아킬레우스는 거북이를 바짝 뒤쫓긴 하겠지만 결코 앞지르진 못한다. 거북이가 멈추지만 않으면 말이다.

이런 주장을 진지하게 하면, 말도 안 된다며 구박받을 거다. 사실 제논은 말장난을 꽤 좋아했지만, 성격이 나쁜 편은 아니었다. 오래전 고전적인 스탠드업 코미디를 펼치던 희극인들처럼, 제논 역시 "내 레퍼토리는 수백만 개야"라고 자랑했을지도 모른다. 안타깝게도 지금 남은 건 네 개뿐이지만.

그중 하나는 '결승점에 다다를 수 없는 달리기 선수' 역설이다. 결승점에 다다르려면 선수는 무한히 이동을 해야 한다. 우선 선수는 전체 코스의 중간점을 통과해야 한다. 그다음엔 남은 거리의 중간점을 통과해야 하고, 그다음엔 다시 남은 거리의 중간점을 통과해야만 한다. 그리고 그 과정은 '이론적'으론 영원히 계속된다! 무한한 시간 동안 무한히 중간점에 다다르기에, 그는 결코 결승점에 도착할 수 없다. 물론 우리 모두는 알고 있다. 빠르건 느리건, 달리기 선수가 계속 뛰면 언젠가 반드시 결승점을 통과한다는 사실을. 심지어 제논도 그 광경을 봤을 거다.

제논의 방식을 그대로 적용한 꽤 오래된 코미디 레퍼토리가 있다.

> **영업사원**: 여사님, 이 진공청소기는 집안일하는 시간을 절반으로 줄여드릴 겁니다.
> **고객**: 정말요? 그럼 두 개 주세요.

이 농담에는 어떤 역설이 있을까? 앞서 살펴본 것처럼, 달리기 선수 역설은 상식적이지 않다. 어떤 부분이 잘못된 것인지는 정확히 몰라도, 누구든 뭔가 잘못됐다는 건 안다. 그런데 이 진공청소기 이야기에서는 제논식 논리는 전혀 역설이 아니다. 고객의 목표가 집안일에 시간을 쓰지 않는 거라면, 여러 대의 진공청소기를 들여도 결국 실패할 것이다. 만약 청소기 두 개를 쓴다면, 청소 시간이 4분의 3 정도 줄어들 것이다. 세 개를 쓴다면 8분의 7이 줄어들겠지. 진공청소기의 개수가 무한히 늘어나도 청소에는 시간이 들 수밖에 없다.

논리 역설과 의미 역설

이 역설들의 원조는 러셀의 역설이다. 20세기 영국 철학자의 이름에서 따온 용어다. 내용은 이렇다. "자기 자신을 원소로 갖지 않는 모든 집합의 집합은 자기 자신의 원소일 수 있는가?"

'이건 정말 너무 멋진 문장인데?'라는 생각이 혹시 든다면, 수학과 대학원 진학을 고려해보자. 아니어도 안심해라. 20세기의 논리학자 그렐링과 넬슨이 쉽게 설명해줄 것이다. 이 역설은 자기 자신을 가리키는 단어에서 비롯되는 '의미 역설'이다.

자세히 살펴보자. 단어에는 두 종류가 있다. 자기 자신을 가리키는 단어(자기지시어)와 그러지 않는 단어(외부지시어). 자기지시어의 예로는 '짧음'(짧은 단어다), '다음절임'(이 단어엔 음절이 여러 개다) 같은 게 있다. 내가 제일 좋아하는 것은 '다섯 글자임'(글자가 다섯 개다)이다. 외부지시어의 예로는 '휜 다리'(이 단어 안엔 다리가 없고, 단어가 휘지도 않았다), '단음절임'(이 단어의 음절은 하나가 아니다)이 있다.

이제 질문을 하나 하겠다. '외부지시어'라는 단어는 자기지시어인가, 외부지시어인가? 만약 이게 자기지시어면, 이 단어는 외부지시어가 된다. 반대로 외부지시어면, 이 단어는 자기지시어가 된다. 이게 뭔 소린가?

자, 그럼 어떻게 하면 이 개념으로 웃길 수 있을까. 역설에 빠진 이발사 이야기가 있다.

> 어떤 마을에 이발사가 한 명뿐이다. 그는 스스로 면도하지 않는 모든 사람의 면도를 도맡고 있다. 자, 그런데 그 이발사의 수염은 누가 면도해줄까? 이발사가 스스로 하면, 그는 오직 스스로 면도하지 않는 사람의 면도를 맡으므로 자신의 면도를 해줄 수 없다. 이발사가 스스로 하지 않으면, 그는 스스로 면도하지 않는

자신의 면도를 해줘야만 한다.

이게 바로 파티용으로 만들어진 러셀의 역설이다.

남자는 여자 화장실에 갈 일이 없어서 잘은 모르지만, 남자 화장실의 벽에는 가끔 이상한 낙서들이 있다. 그 덕에 남자들은 러셀의 역설과 좀 더 친숙한 면이 있다. 예를 들면 이런 낙서들이다.

"이 문장은 거짓임."
이건 사실일까, 거짓일까?

아니면, 이런 낙서도 있다.

어떤 사람이 실패하는 데 성공했다. 그럼 그는 성공한 걸까, 실패한 건가?

> 오리너구리: 뭐, 재밌네. 그런데 이런 이야기들이 인생의 고민을 해결해주나?

철학자: 자, 봐봐. 델피의 예언자에게 가서 "어떻게 인생의 고민이 해결되죠?"라고 물어보면 그는 이렇게 대답할 거야. "삶은 여행이야. 모든 여행은 재미있지. 그러니까 모든 삶은 재미있지." 어때? 문제가 좀 해결됐지?

"PLATO AND PLATYPUS"

3

오리너구리는 오리야, 너구리야?

인식론의 안경으로 세상을 바라보기

당신이 알고 있다고 생각하는 것들에 대해
당신이 정말로 알고 있다는 사실을 어떻게 아는가?
"그냥 아는 거지 뭐"라는 말을 빼고 고민할 때,
바로 인식론이 시작된다.

오리너구리: 기분 좋네. 논리학은 마스터했으니, 이제 아크로폴리스로 소풍이나 가자.

철학자: 아크로폴리스란 게 뭔데?

오리너구리: 어디 아파? 저기 있잖아, 저기! 가서 술이나 한잔하면서 머리 좀 식히자고.

철학자: 저게 아크로폴리스가 아니라, 그냥 네가 아크로폴리스라고 믿고 있는 다른 거면 어떡해? 저게 진짜인지 어떻게 확신하지? 다른 것들도… 그게 다 진짜라는 걸 어떻게 알지?

오리너구리: 이 친구 또 시작이네.

이성과 계시

우리는 어떻게 무언가를 안다고 말할 수 있을까? 만약 우리가 실제로 무언가를 알고 있다고 한다면 말이다.

중세 시대에 이 질문은 인류가 지식을 쌓는 토대에 관한 질문이 되었다. 우리가 이성으로 습득한 지식은 신의 계시보다 우월한가, 아니면 그 반대인가?

한 사람이 넘어져서 우물에 빠져버렸다. 한참 추락하다가 가느다랗게 튀어나온 나뭇가지를 붙잡아 겨우 매달렸다. 가지는 점점 휘어 부러질 것 같았고, 그는 절망에 빠져 소리쳤다. "살려주세요! 거기 아무도 없어요?"

위를 쳐다봤을 때는 하늘만 동그랗게 보일 뿐이었다. 그러다 갑자기 구름이 갈라지더니 빛 한 줄기가 그를 비췄다. 웅장한 목소리가 울려 퍼졌다. "내가 여기 있노라. 걱정 말고 나뭇가지를 놓아라. 내가 너를 구해주겠다."

그는 잠깐 생각해보고 다시 외쳤다. "거기 다른 분은 없나요?"

아무래도 위의 사람은 신의 계시보다는 이성을 더 신뢰했던 것 같다.

17세기 철학자 데카르트도 마찬가지였다. 적어도 지식에 관해선 신보다는 이성을 택하기로 했다.

어쩌면 데카르트는 "'코기토 에르고 숨(cogito ergo sum, 나는 생각한다. 그러므로 존재한다)'이라고 하지 말걸" 하고 후회할지 모른다. 사람들이 데카르트 하면 이 말만 떠올리기 때문이다. 그는 이 말을 빵 굽는 오븐 안에 들어가 있을 때 떠올렸다고 한다.

사실 그의 '코기토'는 끊임없이 오해받는다. 데카르트가 그걸 인간의 본질적 특성이라고 확신했다는 것이다. 물론 데카르트가 그리 믿은 것도 맞지만, 단순하게 결론 내린 것은 아니다. 세상에 믿을 만한 게 뭐라도 하나 있는지 아닌지 찾기 위해 계속해서 의심하고 또 의심한 끝에 내린 결론인 것이다.

그는 보고 듣고 만지고 느끼는 외부 세계의 모든 경험을 의심한다. 만약 지금 꿈을 꾸거나 환상을 보고 있는 것은 아닌지 의심해 보라. 그다음에는 자신의 존재를 의심해 보라. 그렇게 의심하고 또 의심하면, 마침내 도달하게 되는 결론이 있다. 의심하는 자신만큼은 반드시 존재할 수밖에 없다는 것이다. 세상 모든 것을 의심하더라도, 결코 의심할 수 없는 존재란 바로 나 자신이다! 그제서야 데카르트는 의심을 멈춘다. 어쩌면 '두비토 에르고 숨(dubito ergo sum, 나는 의심한다. 그러므로 존재한다)'이라고 말하는 게 더 정확했을 것이다.

미국 법정에서 형사재판 판사들은 배심원들에게 데카르트를 참고하라고 말한다. 데카르트만큼이나 엄격한 기준을 갖고, 피고인의 유무죄를 판단하라는 것이다. 사실 배심원이 고민할 문제가 데카르트의 것과 같진 않다. 피고의 유죄 유무에 관한 모든 의심을 없애는 게 아니라, 단지 합당한 선에서 의심할 부분이 없는지만 묻기 때문이다. 뭐, 기준은 더 낮지만, 분명 이런 종류의 사고 실험은 뭔가를 판단하는 데 꽤 쓸모 있다.

> 어떤 사람이 살인죄로 기소됐다. 유죄를 입증할 강력한 증거들이 있었지만, 시체는 발견되지 않았다. 고민하던 변호인은 최후진술에서 이렇게 말했다.
> "배심원 여러분, 모두가 놀랄 만한 일을 하나 말씀드리겠습니다. 1분 뒤에, 이 사건에서 죽은 것으로 생각되는 그 사람이 법정으로 걸어 들어올 것입니다."
> 그러고는 법정 출입구에 시선을 돌렸다. 배심원들은 모두 충격을 받은 표정으로 문을 유심히 지켜보았다. 이후 1분이 지났지만, 아무 일도 일어나지 않았다. 변호사가 말했다.

"사실 저는 이 사건의 피해자가 걸어 들어올 거라고 거짓말을 했습니다. 하지만 여러분 모두 놀라서 문을 바라보셨죠. 그러니 저는 여러분께 이런 말씀을 드립니다. 이 사건의 피해자가 살해됐다는 데에는 이렇게 다들 의심할 만한 합당한 이유가 있다는 점, 그래서 이 사건은 무죄로 판정돼야 한다는 걸 말입니다."

잠시 뒤, 모여서 고민하던 배심원들은 유죄 판정을 내렸다. 변호사가 외쳤다.

"어떻게 이럴 수 있습니까? 여러분들은 제 말을 듣고 의심했잖아요. 모두 문을 지켜보는 걸 내가 똑똑히 봤다구요."

앞줄의 배심원 한 명이 답했다.

"아, 그래요. 우리는 봤죠. 그런데 당신 의뢰인은 안 보더라고요."

경험론

18세기 아일랜드 출신의 경험론자 버클리 주교는 "존

재하는 것은 감각되는 것이다"라고 했다. 말하자면, 외부 대상들로 이뤄진 '세계'가 사실 모두 우리 마음속에 있다는 것이다. 버클리는 우리가 가질 수 있는 지식은 객관적인 세계 자체에 관한 게 아니라, 어디까지나 우리의 감각을 통해 들어오는 것일 뿐이라 주장했다.

철학자들은 이런 정보를 '감각자료'라 부른다. 우리는 감각자료를 넘어서는 어떤 것도 알 수 없다. 하지만 그런 감각을 자극하는 무언가는 있지 않을까? 버클리는 그 역할을 신이 한다고 생각했다. 예컨대, 우리가 24시간 일주일 내내 접속하는 전 우주적 인터넷에 우리의 감각자료를 계속 업로드하는 존재가 있다는 것이다. (하지만 우리는 알고 있다. 신은 24시간 6일 동안만 일하고, 일요일 하루는 쉬신다는 걸!)

이 이야기는 버클리와 동시대 사람인 새뮤얼 존슨의 일화로 이어진다. 그는 "존재하는 것은 감각되는 것이다"라는 말을 듣고 땅에 박혀 있던 팻말을 발로 세게 찬 뒤 비명을 지르며 소리쳤다고 한다. "자, 이걸로 반박됐지?"

버클리가 이 말을 들었다면 그냥 웃었을 것이다. 팻말을 발로 찰 때 느껴지는 통증 역시 그저 신이 존슨의 상황에 맞는 감각 자료를 성실하게 업로드했다는 증거일 뿐이니까. 우선 발이 말뚝에 부딪혀 움직임이 멈추는 감각자료를 만들어 보내고, 즉시 뒤따라오는 통증의 감각자료를 만들어 보내는 식이다.

그런데 다른 사람이 제공한 감각자료를 느끼는 경우엔 문제가 한층 더 복잡해진다.

> 청력을 잃어가는 배우자를 걱정한 어떤 사람이 의사에게 상담을 받았다. 의사는 집에서 할 수 있는 간단한 청력 테스트 방법을 알려주었다.
> "배우자 뒤에서 뭔가 물어보세요. 처음에는 6미터, 그 뒤엔 3미터, 마지막으로는 바로 뒤에서."
> 집으로 간 그는 부엌 인덕션 앞에 서 있는 배우자를 보았다. 그가 물었다.
> "오늘 저녁 메뉴는 뭐야?"
> 답이 없었다. 3미터 뒤로 가서 그가 다시 물었다.
> "오늘 저녁 메뉴는 뭐야?"
> 여전히 답이 없었다. 그는 슬퍼하면서 배우자 바로 뒤에 가서 말했다.

"오늘 저녁 메뉴 뭐냐고. 안 들려?"
그러자 배우자가 돌아서서 말했다.
"왜 세 번이나 같은 말을 하게 만들어. 치킨이라니까!"

음. 이 부부는 감각자료를 해석하는 데 문제가 있던 것 같다.

과학적 방법

자, 이제 우리의 지식이 외부 세계를 감각함으로써 형성된다는 사실은 잘 알겠다. 요즘엔 너무 당연해서 전혀 이상한 게 없는 말로 들리지만, 과거에는 그렇지 않았다. 상당수의 철학자가 경험에 앞서 우리 머리나 마음속에 존재하는, 태어날 때부터 타고난 관념이 있다고 믿었다. 몇몇은 신에 관한 관념이 타고난 것이라고 생각했다. 또 다른 어떤 사람들은 원인과 결과에 관한 관념이 타고난 것이라 주장했다.

요즘에도 비슷한 것이 있다. "모든 사건에는 다 이유가 있다"든가 "나는 환생을 믿는다"는 말은 경험적으로 입증을 하거나 반증할 수 없다. 그렇지만 사람들은 대체로 경험을 신뢰한다. 외부 세계의 참과 거짓을 판별하는 가장 좋은 증거라는 것이다. 이런 의미에서 우리는 모두 경험론자인 셈이다. 아래와 같은 예외적 상황만 아니라면 말이다.

> 왕과 신하들이 북유럽 큰사슴을 사냥하러 갔다. 그들이 나무에 다가가자, 농노 한 명이 나무 뒤에서 뛰어나와 무기를 흔들며 외쳤다.
> "저는 사슴이 아니에요!"
> 왕은 농노를 겨냥해 쏘았고, 그는 그 자리에 즉사했다.
> 신하 한 사람이 물었다. "전하, 왜 그러셨습니까? 그는 자기가 사슴이 아니라고 외치지 않았습니까?"
> 왕이 답했다. "맙소사. 나는 자기가 사슴이라고 말한 줄 알았지."

자, 이번에는 이 왕과 비교할 만한 유명 과학자 이야

기도 하나 살펴보자.

> 한 과학자와 그의 배우자가 차를 몰고 교외에 놀러나 갔다.
> 배우자가 말했다. "저 양들 좀 봐요. 털이 싹 깎였네."
> 과학자가 말했다. "응, 적어도 우리한테 보이는 쪽은 그러네."

언뜻 보면 배우자는 평범한 관점으로 말했고, 과학자는 좀 더 신중하고 과학적인 관점을 지닌 것처럼 보인다. 하지만 그거야말로 편견이다. 실제로 과학적 가설은 오히려 배우자의 입장과 더 유사하다. 경험론자가 말하는 '경험'은 직접적인 감각 경험만 말하는 게 아니다. 과학자는 가능성을 가늠해서 더 일반적인 명제를 생각해내는 데 예전의 경험을 사용한다. 결론적으로 배우자가 한 말은 이런 뜻이다.

"나는 적어도 한쪽 면의 털이 깎인 양을 보았다. 내 이전 경험에 따르면 목장 주인들은 보통 양의 털을 한쪽 면만 깎지 않는다. 심지어 목장 주인이 그렇게 했다고 하더라도, 양들이 한쪽 면만 보이도록 나란히 언덕 위에 줄을 서 있을 가능성은 너무나도 작다. 그러므로 나는 자신 있게 말할 수 있다. 저 양들은 아마 온몸의 털이 다 깎여 있을 거라고."

이 이야기에서 나오는 과학자는 좀 공부벌레인 것 같다. 앞장의 귀납논리 편에서 살펴봤던 홈스의 동료, 왓슨과 닮았다고 할까. 일반적으로 말하면, 우리는 예전 경험을 통해 앞으로 일어날 일을 예측하지 못하는 사람을 어리석다고 말한다.

> 뉴델리의 한 베테랑 경찰이 경찰 훈련을 받고 있는 후보생 세 사람을 테스트하고 있었다. 범인을 찾는 능력을 시험하기 위해 경찰은 첫 번째 후보생에게 사진을 5초 동안 보여준 뒤 물었다.
> "이게 용의자다. 어떻게 그를 알아볼 생각이지?"
> 그가 답했다. "쉽습니다. 눈이 한 개뿐이라 아주 빨리 잡을 수 있어요."
> 경찰이 말했다. "이봐! 그게 아니야. 내가 보여준 건 측면 사진이잖나."

경찰은 두 번째 후보생에게 사진을 5초 내보인 뒤 물었다. "이게 용의자다. 어떻게 그를 알아보겠나?"

그가 웃으며 말했다. "아니, 이렇게 쉬운 걸요? 귀가 하나뿐이라 금세 잡겠습니다."

경찰은 화를 냈다. "귀관들에게 무슨 문제가 있는지 아직도 모르겠나? 물론 눈과 귀를 하나씩만 봤겠지만, 그건 옆얼굴이라서 그런 거라고! 고작 그게 최고의 대답인가?"

무척 실망한 경찰은 마지막으로 세 번째 후보생에게 사진을 보여주었다. 그러고는 퉁명스러운 목소리로 물었다. "이게 용의자다. 자네는 그를 어떻게 알아보겠나?"

그는 잠깐 사진을 뚫어져라 쳐다본 뒤에 말했다. "용의자는 콘택트렌즈를 끼고 있습니다."

경찰은 이 말에 마음이 누그러졌다. 용의자가 콘택트렌즈를 꼈는지 아닌지는 자기도 모르는 정보였기 때문이다. "제법 그럴듯하군. 잠깐 기다리게. 사건 자료를 검토하고 다시 돌아오겠네."

그는 사무실에서 자료를 뒤져보고는 웃으면서 돌아

왔다. "믿을 수 없군. 정말 용의자는 콘택트렌즈를 끼고 있었어. 잘했네! 대체 어떻게 그걸 알 수 있었나?"
세 번째 후보생이 의기양양한 표정으로 답했다. "너무 쉽죠. 눈과 귀가 하나씩만 있다면, 일반적인 안경은 쓸 수 없으니까요."

요즘은 모든 사람이 경험론적 사고방식을 스스럼없이 사용한다. 인식론의 다양한 담론들 사이에서 경험론이 승리했다는 증거다.

세 여자가 스쿼시를 하기 위해 라커룸에서 옷을 갈아입고 있었다. 그때 한 남자가 갑자기 튀어나와 아무것도 걸치지 않은 채 머리 위에 가방만 이고 달려갔다.
첫 번째 여자가 그의 아랫도리를 보더니 말했다. "내 남편은 아니네."
두 번째 여자가 말했다. "그러게, 아니네."
마지막 여자가 말했다. "아예 우리 클럽 회원이 아닌 거 같던데."

오늘날 경험론과 과학이 승리하긴 했지만, 여전히 많은 사람이 흔치 않은 사건이 일어나면 자연 법칙이 아닌 기적을 떠올린다. 의심 많은 영국의 경험론자 데이비드 흄은 어떤 일이 기적이라고 믿을 만한 유일한 합리적 토대란, 그걸 설명할 다른 모든 대안이 말이 안 될 때뿐이라고 했다.

예컨대, 어떤 사람이 진지하게 뮤지컬 《아이다》의 아리아를 부르는 선인장 화분을 갖고 있다고 말했다 치자. 두 가지 설명이 가능하다. 선인장 화분이 자연법칙을 위배하는 존재이거나, 아니면 그가 미쳤든지 실없는 농담을 하든지 마약에 취해 있든지 중 하나일 것이다. 둘 중에 어느 쪽이 더 말이 안 되는가? 흄의 대답은 이렇다. "여보세요, 정신 좀 차리세요!"

이처럼 기적이 없을 확률은 자연법칙을 어긋나는 기적이 진짜 존재할 확률보다 항상 높기에, 흄은 기적이 일어날 일은 없다고 결론을 내린다.

흄을 충실하게 따르는 학생으로서, 기적으로 보이는 한 사건을 의심하려 했던 빌의 이야기를 살펴보자.

하루는 빌이 친구에게 팔꿈치가 너무 아프다며 불평했다. 친구는 근처 동굴에 사는 용한 수행자를 찾아가 보라고 권했다. "방법은 간단해. 네 소변 샘플을 동굴 앞에 놔두면, 그가 그 위에서 명상을 할 거야. 그러면 문제가 뭔지 기가 막히게 찾아내서 네가 할 일을 말해 준대. 단돈 10달러면 된다고."

밑져야 본전이란 생각으로 빌은 유리병에 소변을 받아 10달러짜리 지폐와 같이 동굴 앞에 두었다. 다음 날 빌이 동굴에 다시 갔을 때, 쪽지가 한 장 놓여 있었다. "테니스 엘보입니다. 미지근한 물로 팔을 찜질하시고, 무거운 물건을 들지 마세요. 2주 뒤에 나아집니다."

그날 저녁 빌은 도사의 '기적'이 실은 친구의 장난이 아닐까 의심하기 시작했다. 장난끼가 워낙 많은 친구라 충분히 그런 짓을 하고도 남기 때문이다. 빌은 복수하기로 했다. 수돗물과 반려견 배설물, 배우자와 아들의 소변을 섞고, 거기에 땀까지 집어넣은 뒤, 그 혼합물을 10달러짜리 지폐와 함께 동굴 앞에 두었다. 그러고는 친구를 찾아가, 다른 건강 문제가 생겨서 소변

샘플을 동굴 앞에 놓고 왔다고 말했다.

그다음 날 빌은 동굴에 가서 다음과 같이 적힌 쪽지를 발견했다. "수돗물 수압이 세군요. 연수기를 하나 장만하세요. 반려견에겐 기생충이 있습니다. 살충제를 먹이세요. 당신 아들은 코카인을 하고 있네요. 중독이 심해지기 전에 빨리 재활원에 보내기 바랍니다. 당신 배우자는 쌍둥이를 임신했습니다. 그런데… 당신 아이는 아니군요! 변호사를 선임하세요. 마지막으로 운동 너무 열심히 하지 마세요. 테니스 엘보가 안 낫습니다."

하지만 현실에선 이런 기적 같은 일이 일어나는 경우가 거의 없다. 대부분의 농담도 회의적인 입장이고.

나이 든 동네 철물점 주인이자 은퇴한 의사인 블룸은 관절염을 기가 막히게 잘 치료하기로 유명했다. 그래서 그의 철물점 앞에는 항상 환자들이 길게 늘어서서 기다리고 있었다.

어느 날, 체구가 작고 등이 완전히 굽은 할머니가 지

팡이를 짚고 비틀거리며 걸어와 줄을 섰다. 차례가 오자 할머니는 철물점 뒷방으로 들어갔다. 그리고 놀랍게도, 30분 뒤에 나타난 할머니는 목을 높게 든 채 허리를 곧추세워 똑바로 걸었다.

그걸 보고 줄서서 기다리던 한 사람이 말했다. "정말 기적이 일어났네요! 허리가 완전히 굽어 있었는데 지금은 바로 서서 걷는다니…. 대체 의사가 뭘 한 거죠?"

할머니가 대답했다. "뭐, 좀 더 긴 지팡이를 주더라고."

설령 시각 자료를 경험할 수 없다 해도, 시각장애인 또한 경험론자가 될 수 있다는 건 분명하다.

유월절에 어떤 사람이 공원에서 글자가 양각으로 새겨진 전병을 점심으로 먹고 있었다. 시각장애인 한 명이 그 옆에 앉자, 그는 자기가 먹던 전병 한 조각을 권했다. 시각장애인이 전병을 가져가 잠깐 만져보더니 말했다.

"누가 이런 쓰레기 같은 글을 쓴 거죠?"

어떤 사람들은 시각장애인은 올바르게 감각할 수단이 없다고 지레 짐작하는 실수를 하는 경향이 있다. 장님은 결코 코끼리를 제대로 인식할 수 없다는 식이랄까. 그들은 이런 이야기를 만들었다.

> 한 남자가 개와 함께 술집에 들어가 술을 한 잔 시켰다. 바텐더가 말했다. "여기에 개 데리고 들어오면 안 돼요!"
> 남자는 아랑곳하지 않고 말했다. "얘는 제 안내견이에요."
> 바텐더가 말했다. "죄송합니다, 손님. 용서를 구하는 의미로 첫잔은 무료로 드리겠습니다." 남자는 잔을 들고 문 옆의 탁자에 가 앉았다.
> 잠시 뒤, 다른 남자가 개와 함께 술집에 들어가려 했다. 앞서 개를 데리고 온 남자는 그를 멈춰 세운 뒤 말했다. "바텐더에게 안내견이라고 말하기 전까지는 여기에 개를 데리고 들어올 수 없습니다."

그러자 다른 남자는 감사하다고 말한 뒤, 카운터로 가서 술을 한 잔 시켰다. 바텐더가 말했다. "여기 개를 데리고 들어오면 안 돼요!"

남자가 말했다. "얘는 제 안내견이에요."

바텐더가 웃으며 말했다. "그럴 리가요. 치와와를 안내견으로 쓰는 사람이 어디 있습니까?"

남자가 깜짝 놀라며 말했다. "뭐라고요? 이 자식들, 내가 맹인이라고 치와와를 안내견으로 팔아?"

독일 관념론

설마 감각자료가 끝일까? 그럴 리 없다! 감각을 가능하게 하는 다른 뭔가가 더 있지 않을까?

적어도 18세기 독일 철학자 칸트는 그렇게 생각했다. 그는 영국 경험론자들, 특히 흄의 책을 읽고 독단의 잠에서 깨어났다고 말했다. 칸트는 먼저 우리가 지성을 통해 세계의 실재를 확실히 알 수 있다고 가정했다. 하지만 경험론에 따르면, 외부 세계에 관한 지식은 불확실하다. 그

것은 언제나 감각을 통해서만 얻을 수 있기 때문이다. 우리가 눈과 혀라는 특정한 기관을 써서 감각할 때, 딸기는 빨갛고 달다. 하지만 적록색맹이거나 알레르기가 있는 사람은 같은 딸기를 붉거나 달다고 느끼지 않을 것이다. 그래서 칸트는 묻는다. 우리의 감각기관을 통과하면서 붉거나 붉지 않게끔 보이고, 달거나 달지 않게 느껴지는 딸기 '그 자체'의 성질은 대체 무엇일까?

칸트는 우리가 사물의 본질을 그 자체로서 알 수는 없

> 흔히 사람들은 자연과학이 존재나 현상의 본질을 말해줄 수 있다고 여긴다. 우리의 감각만으로는 알 수 없는 미세한 부분까지도. 하지만 잘 생각해보면 자연과학 역시 우리가 '딸기 그 자체'에 다가가게 하진 못한다. 딸기의 특정한 화학적 구성이 사람의 특정한 신경구조와 결합해 달게 느껴지는지 아닌지 결정한다는 걸 안다고, 딸기의 본질을 안다고 할 수 있을까? 그 화학적 구조가 딸기 그 자체의 '실제' 모습이라고 말해도 좋을까? 특정한 화학적 구조라는 말은 단지 우리가 딸기를 미세하게 분해했을 때 나타나는 모습일 뿐이다. 이건 딸기를 먹는 행위에도 마찬가지로 적용된다. 그 행위는 그저 딸기가 우리 미각에 닿았을 때 어떻게 느껴지는지만 알려줄 뿐이다.

다고 결론 내렸다. 그는 '사물 그 자체'란 "X와 동일하다"고 말했다. 미지수라는 것이다. 우리는 오직 현상 세계, 즉 우리에게 감각됨으로써 드러난 것들의 세계만 알 수 있을 뿐이다. 인간은 감각 너머의 선험적 세계, 본질적 세계를 결코 알 수 없다.

칸트는 이러한 자조적인 결론으로 끝내는 대신, 과감하게 주제의 대전환을 시도한다. 그래, 이성은 감각 너머의 세계를 결코 알려줄 수 없다. 버클리식으로 '끝없이 감각자료를 업로드하는 신'이나 세계에 관한 다른 어떤 형이상학적 설명으로도, 순수이성만으론 인식할 수 없다고 결론 내린 것이다. 우리가 감각하는 건 세계의 본질(물자체)이 아니라, 그저 우리가 감각하는 정보의 합일 뿐이다. 자, 그럼 여기서부터 논의를 다시 시작하면 어떨까?

그야말로 '코페르니쿠스적 전환'이었다. 지구의 주위를 하늘의 별들이 돌고 있다는 천동설 대신, 지구가 태양의 주위를 돈다는 지동설을 주장한 천문학자 코페르니쿠스처럼, 세계의 존재 원인을 세계 그 자체에서 찾는 대신 관찰자를 중심으로 바꾼 것이다. 칸트가 등장한 이후, 철학의 관심사는 완전히 바뀌게 되었다.

비서: 선생님, 대기실에 투명인간이 있습니다.
의사: 안 보인다고 전해주세요.

사실 위 대화만으로는 칸트가 말한 현상 세계와 '물 자체'를 구별하는 데 별 도움이 안 된다. 번역 과정에 약간 문제가 있던 탓이다. 쾨니히스베르크 대학교 지하 술집에서 들었던 그 이야기의 원본은 이렇다.

비서: 선생님, '물 자체'가 아직 대기실에 있습니다.
비뇨기과 의사: 물 자체? 한 명만 더 받아도 미쳐버릴 지경인데, 대체 그게 누군데?
비서: 음, 제가 어떻게 알겠어요?
비뇨기과 의사: 뭐? 좀 더 자세히 설명해 보라고.
비서: 지금 장난하세요? 그게 가능한 사람이 어디 있다고요?

이게 물 자체 이야기의 원본이다.

역시 독일식 농담이라 엄청 웃기진 않지만…, 이 이야기에는 겉으로 드러난 것보다 더 깊은 내용이 있다. 자신만의 이유로 비서는 대기실에 '물 자체'가 있다는 증거를 의사에게 전하지 않기로 했다. 그 증거가 무엇이든, 그것은 현상에 지나지 않기 때문이다! (다소 헷갈릴 수 있지만, 지금까지의 논의를 잘 따라왔다면 무슨 말인지 알 것이다.) 그럼 무엇이 비서에게 정보를 주는가? 뭐가 됐든 감각 영역 안에 있을 텐데, 어쩌면 신비스러운 육감이었을 수도 있고, 아니면 그냥 오감이었을 수도. 어떤 의미에서든 특정한 감각이라는 건 분명하다.

뒷이야기를 말하자면, 사실 비서는 칸트의 《순수이성비판》에 관한 논문으로 박사 학위를 받은 상태였다. 안타깝게도 그 이력으로는 비서나 전업주부 외에 달리 할 수 있는 일이 없었다. 그걸 박사 학위 받기 전에 알았다면 좋았을 텐데! 어쨌든, 비서는 "좀 더 자세히 설명해봐"라는 의사의 요청을 "드러난 감각경험 너머 물 자체에 관해 설명하세요"라고 받아들인 것이다. 그러니 칸트를 전공한 비서로선 의사의 요구가 말이 안 된다고 짜증이 난 것이다.

칸트와 그의 후계자들은 인식론 논의의 질문 방향을 바꾸었다. '우리가 무엇을 알 수 있는가?', '어떻게 알 수 있는가?'라는 질문 대신 '우리가 아는 것이 무엇이고, 어떻게 알았는지 좀 더 의미 있게 말할 방법은 무엇인가?'를 고민하게 됐다. 그럼 이제 세계에 관한 여러 명제 중 지식이라 할 만한 것은 무엇일까?

칸트는 명제를 분석명제와 종합명제로 나눠 이 질문에 답하려 했다. 분석명제는 정의에 의해 참이 되는 명제다. 예컨대 "오리너구리는 포유류다"는 분석명제다. 이 명제는 우리가 사전에서 찾을 수 있는 오리너구리에 대한 정보 이상을 알려주지 않는다.

반면에 "어떤 오리너구리는 파란 눈을 가졌다"는 종합명제다. 이 명제는 세계에 관해 새로운 정보를 준다. '파란 눈'은 오리너구리의 일반적인 정의에 포함된 정보가 아니기 때문이다. "어떤 오리너구리는 파란 눈이다"라는 문장은 오리너구리의 사전적 정의에서 찾을 수 없는 새로운 정보를 알려준다.

이 다음으로 칸트는 경험에 앞선 a priori 선험명제와 경험에 뒤이은 a posteriori 후험명제를 나눈다. 경험에 앞선 명제는 감각 경험에 의지하지 않고 이성에만 토대를 두는 명제다. "모든 오리너구리는 포유류다"는 선험명제다.

이 명제가 참인 걸 알려고 많은 오리너구리를 만날 필요는 없다. 사전만 찾아보면 된다. 반대로 후험명제는 감각 경험을 기반으로 하고 있기에 "어떤 오리너구리는 파란 눈이다"가 맞는 명제인지 알려면, 많은 오리너구리를 확인하거나, 파란 눈의 오리너구리를 봤다고 말하는 사람의 말을 받아들여야 한다.

경험에 앞선 분석명제와 경험에 뒤이은 종합명제를 혼동하는 웃긴 농담들이 많다.

> 지금까지 경험에 앞선 분석명제("모든 오리너구리는 포유류다")와 경험에 뒤이은 종합명제("어떤 오리너구리는 파란 눈이다")의 사례를 알아봤다. 칸트는 묻는다. "세 번째 유형의 명제, 경험에 앞선 종합명제가 있을까?" 이 세 번째 유형의 명제는 외부 세계에 관해 새로운 지식을 알려주고, 오직 이성만으로도 알 수 있다. 당연히 경험론자는 경험에 앞선 종합명제는 없다고 말한다. 외부 세계에 관한 지식은 오직 감각 경험을 통해 얻어지기 때문이다. 그런데 칸트는 이렇게 말한다. "잠깐만 계속 들어보세요. '모든 사건에는 원인이 있다.' 이런 명제는 어떻습니까?"
> 우선 이것은 종합적이다. '사건'과 '원인'이라는 말에 포함된 정

> 의를 넘어 세계에 관한 새로운 정보를 주기 때문이다. 경험에 앞서기에, 우리는 이걸 이성만으로 알게 된다. 어떻게 그렇게 되나? 칸트는 이렇게 말했다. "우리가 지적인 경험을 하려면 그 문장을 참이라고 가정해야만 하기 때문이다."
>
> 모든 일이 원인과 결과로 이어져 있지 않으면, 우리는 세상 그 어떤 것도 이해할 수 없게 된다. 이게 무슨 말인지 알고 싶다면, 순서 없이 뒤죽박죽으로 사건이 일어나는 영화 〈멀홀랜드 드라이브〉를 감상해보자. 영화 속 세상은 어느 것 하나 일관되게 움직이지 않아서 어떤 명제나 사건에 대해 판단하는 것 자체가 불가능하다.

질문: 장수의 확실한 비결은?

답: 100년 동안 하루에 한 번씩 미트볼을 먹으면 된다.

이 농담은 경험에 뒤이은 종합명제적 해법이 필요한 질문에 경험에 앞선 분석명제적 해법을 내놓는다. 장수의 확실한 비결에 관한 질문은 "장수의 비결로 보이는 경험적인 것들은 무엇입니까?"라며 세계에 관한 정보를 물어본 것이다. 우리가 여기서 기대하는 대답은 "금연하세요"나 "잠들기 전에 코엔자임 큐텐을 400밀리그램 드세요" 같은 말일 것이다.

그런데 위 농담에서는 분석적인 답변을 내놓는다. 장수와 별 상관도 없어 보이는 미트볼을 집어넣어서 우리를 헷갈리게 만든다. "오래 살려면, 100년을 사십시오. 일반적인 의미에서 100년은 많은 나이이기 때문입니다. 미트볼을 드십시오. 미트볼은 당신을 해치지 않습니다."(아, 미트볼에 있는 트랜스지방은 당신에게 다소 해로울 수 있다. 물론 100년 동안 먹고서도 별 문제가 없다면 상관없겠지만.)

다른 농담도 있다.

조: 와, 정말 끝내주는 가수야. 그치?
블로: 쳇. 나한테 저 목소리가 있다면, 나도 저 정도는 부를 걸.

'끝내주는 가수'의 의미는 어떤 사람이 엄청난 목소리를 지니고 있다는 뜻이다. 이 대화 속 가수의 목소리처럼 말이다. 그러니 "나한테 저 목소리가 있다면, 나도 저 정도는 부를 걸"이라는 말은 자신의 노래 실력에 관해 어떤 새로운 정보도 주지 않는다.

경험에 뒤이은 종합명제와 경험에 앞선 분석명제를 혼동할 때 생기는 일을 더 잘 보여주는 농담도 있다.

> 한 남자가 맞춤 정장을 주문해 입어본 뒤에 재단사에게 말했다. "소매가 더 짧아야 해요. 5센티미터나 더 나와 있는데요."
> 재단사가 말했다. "아닙니다. 팔을 구부려보세요. 봐요, 소매가 올라갔죠?"
> 남자가 말했다. "흠, 그래요? 그런데 칼라도 마음에 안 들어요! 팔을 구부리니까 칼라 중간 부분이 뒤통수까지 올라오잖아요."
> 재단사가 말했다. "그렇습니까? 머리를 들어 올려서 턱을 뒤로 당기세요. 그럼 되네요."
> 남자가 말했다. "왼쪽 어깨는 오른쪽 어깨보다 10센티미터나 더 아래로 처져 있는데요."
> 재단사가 말했다. "문제없습니다. 허리를 구부려 왼쪽 어깨를 들어 올리세요. 자, 높이가 같아졌죠?"
> 결국 남자는 정장을 그대로 입은 채 가게에서 나왔다. 오른쪽 팔꿈치는 구부러진 채 툭 튀어나와 있었고, 턱

은 뒤로 한껏 당긴 상태였으며, 몸 전체는 왼쪽으로 기울어져 있었다. 그 상태로 주춤주춤거리며 뻣뻣하게 걸어갔다.

지나가던 행인 두 사람이 그 모습을 보았다. 첫 번째 사람이 말했다. "저 사람 어디 많이 아픈가 봐. 너무 불쌍한데."

두 번째 사람이 말했다. "그러네. 그런데 저 사람이 입은 정장 좀 봐. 정말 기가 막히게 딱 맞잖아? 재단사가 누군지 정말 대단한데."

종합명제와 분석명제의 대결이다. 그렇지 않은가? (정장에 어떤 천을 썼는지는 따지지 말자.) 행인은 "맞춤 정장이 기가 막히게 딱 맞네"라는 관찰을 통해 재단사의 기술력에 관한 정보를 얻었다고 생각할 것이다.

하지만 재단사의 입장에서 "내가 만든 이 정장은 완벽해"라는 말은 분석명제다. 재단사는 사람의 체형에 맞춰서 자신의 옷을 수선하는 게 아니라, 그 사람의 자세를 자신의 옷에 맞게 뜯어 고치기 때문이다. 이런 식이면 누가 오든 상관없이 옷은 무조건 딱 맞을 것이다.

칸트는 순수이성이 우월하다고 생각했다. 그래서 지식에 관해선 개인적 경험이 거의 필요 없다고 여겼다. 그래서인지 그는 자신의 고향 쾨니히스베르크 밖으로 떠난 적이 거의 없다. 게다가 극단적으로 규칙적인 생활을 유지했다. 매일 똑같은 시간에 저녁을 먹고 산책을 했기에, 쾨니히스베르크의 시민들은 칸트가 매일 산책하는 모습을 보고 시계를 조정할 정도였다고 한다. 그가 산책한 길은 오늘날 '철학자의 길'로 알려져 있다.

이보다 덜 알려진 이야기가 있다. 쾨니히스베르크 대성당에서 시계종을 치는 일꾼이 칸트가 산책하는 것을 보고 교회 시계탑 시간을 조정했고, 칸트는 그 시계를 보고 자신이 언제 산책할지 계획했다는 것이다.

그야말로 분석명제와 종합명제의 혼돈이다. 칸트와 시계종 일꾼은 서로의 행동을 보고 자신이 새로운 정보를 얻었다고 생각했다. 칸트는 시계탑을 보면서 독일표준시를 알게 됐다고 생각했고, 일꾼은 칸트가 산책하는 것을 보고 독일표준시를 알게 됐다고 생각했다. 실제로는 두 사람 모두 새 정보는 얻지 못하고, 분석적 결론에 도달했을 뿐이다. 예컨대 "나는 3시 30분에 산책한다"는 칸트의 결론은 결국 "내가 산책하는 시간에 나는 산책한다"는 분석명제로 귀결된다. 칸트에게 3시 30분이라는 시각을 알려준 시계가 사실 그의 산책에 따라 조정됐기 때문이다. "시계탑의 시각은 정확하다"는 일꾼의 결론 역시 "시계탑의 시각은 시계탑의 시각을 나타낸다"로 귀결된다. 시계탑을 정확하게 조율하는 기준이 바로 칸트의 산책이었기 때문이다.

수학철학

앞서 2장 첫머리에서 보았던 '2 더하기 2는 4'라는 날카로운 통찰에 대해 어떻게 생각하는가? 정의에 따라 참이 되는 분석명제인가? 우리가 숫자 '4'를 정의할 때 '2 더하기 2'라는 내용이 들어 있나? 아니면 종합명제인가? 세계에 관한 새로운 정보를 제공하나? 물건 두 개를 세고 그 뒤에 물건 두 개를 더 센 다음, 그 물건들 전체를 세면 '2 더하기 2는 4'라는 걸 알게 되나?

적어도 호주에 사는 부후나 부족은 종합명제라는 입장인 것 같다.

> 한 인류학자가 부후나 사람에게 "2 더하기 2는 5"라는 말을 들었다. 인류학자는 부후나 사람에게 어떻게 그렇게 되냐고 물었다. 부후나 사람이 쉽다는 듯 말했다. "거야 딱 세보면 알죠. 줄에다 매듭을 두 개 묶어요. 다른 줄에다 매듭을 두 개 묶어요. 그 뒤에 두 줄을 묶어서 한 줄을 만들면, 매듭이 다섯 개가 되잖아요."

수학철학은 대부분 기술적이고 난해하다. 수학에 관해 당신이 알아야 할 게 있다면, 사람이 세 종류로 나뉜다는 것이다. 수를 셀 줄 아는 사람과 수를 셀 줄 모르는 사람. 자, 당신은 어느 쪽인가?

실용주의

19세기 후반 미국의 철학자이자 심리학자 윌리엄 제임스 같은 인식론적 실용주의자는 명제의 참 거짓이 현실의 효과에 달렸다고 봤다. 어떤 명제가 실제로 어떤 차이를 만들어내는지를 보고 참 거짓을 판단한다는 것이다. 이를테면, 뉴턴의 중력 법칙은 참이다. 하지만 그 판단은 객관적인 과학 법칙에 따른 것이 아니라, 현실에서 물체의 운동을 예측하는 데 쓸모 있는 것으로 증명됐기 때문이다. "뉴저지에서도 사과는 아래로 떨어진다는 데 돈을 걸겠어"라는 식이라 할까.

한 이론이 더 이상 유용하지 않을 때 우리는 다른 이론으로 기존 것을 대체한다.

어떤 여자가 자기 남편이 실종됐다고 경찰에 신고했다. 경찰이 인상착의를 묻자, 그녀는 "키가 190센티미터쯤 되고, 덩치가 크고요, 머리카락이 두껍고 곱슬머리예요."

그러자 옆에 있던 그녀의 친구가 말했다. "너 지금 뭐라는 거야? 네 남편은 160센티미터 키에 탈모에 배불뚝이잖아."

그녀가 인상을 찌푸리며 말했다. "어느 누가 그런 사람이 돌아오길 바란대?"

여기까지는 꽤 알려진 농담이다. 하지만 잘 알려지지 않은, 이어지는 대화가 있다.

경찰이 말했다. "신고자님, 남편 분 실제 모습을 좀 설명해달라고 부탁드린 겁니다."

그녀가 말했다. "실제 모습이라뇨? 세상에 그런 게 어디 있죠? 참·거짓은 인식론적 기준으로만 정할 수 없다고요. 그 기준이 적절한지는 우리가 추구하는 목표나 가치에 달려 있죠. 그러니까 제 말은, 참이란 뭔가 만족스러워야 하는데, 제 남편은 별로 그렇지 않다는 겁니다. 신도 이런 제 마음을 아실걸요?"

현상학

자, 지금까지 추상적 관념의 세계에서 놀았다면, 평범한 일상으로 안전하게 내려오는 방법도 알아야겠지. 인식론에서는 현상학자들이 그런 고민을 본격적으로 시작했다. 그들은 안다는 것의 진정한 의미를 진지하게 고민했다. 철학적 원리라기보다는 앎의 한 방법으로서, 현상학은 객관적 자료보다는 생생한 인간 경험 자체를 이해하려고 했다. 확실히 이런 접근법은 대개 관념적인 철학자들의 것이라기보다는 소설가의 것에 가깝다.

에드문트 후설 같은 현상학자들은 'einfühling'이라는 단어를 자주 사용했다. '빠져듦', '감정이입', '공감'이라는 뜻의 독일어 단어로, 다른 이의 경험 안으로 들어가서, 그와 같은 방식으로 세계를 알고 느끼려 하는 앎의 접근법이다. 말하자면, 다른 사람의 신발이나 바지를 입어보려는 시도라고 할까.

> 마지 심슨이 재닛 박사를 찾아왔다. "박사님, 제 성생활에 문제가 있어요. 남편을 봐도 전혀 흥분이 안 돼요." 재닛이 답했다. "알겠습니다. 내일 자세히 검사해보죠. 남편 분과 같이 오세요."
>
> 다음 날 마지가 남편 호머와 같이 왔다. 재닛이 말했다. "배우자분, 옷 벗으세요. 그다음 여기를 한 바퀴 도시고. 좋습니다. 이제 누우세요. 음, 알겠습니다. 다시 옷 입으세요."
>
> 재닛은 마지를 따로 불러 말했다. "당신에겐 문제가 없어요. 저도 전혀 흥분되지 않았거든요."

> 오리너구리: 그래. 인식론은 확실히 알아두는 편이 좋겠네.
> 철학자: 좋다고? 어떻게? '좋다'는 말을 무슨 뜻으로 한 거야?
> 오리너구리: 대답하기 전에, 하나 좀 묻자. 너 혹시 "엉덩이가 아프다"는 말이 무슨 뜻인지 알아?

"PLATO AND PLATYPUS"

4

선의의 거짓말도 하면 안 될까?

옳고 그름에 관한 윤리학적 논쟁들

윤리학은 무엇이 좋고 나쁜지 구분한다.
동시에 성직자, 현자, 부모에게 일거리를 만든다.
일반적으로 아이나 철학자는
부모나 스승에게 이렇게 말하느라 바쁘다.
"왜요? 대체 왜 그런 거예요?"

> 오리너구리: '좋다'는 말의 뜻을 고민해봤어. 그리고 답을 찾았지. '좋다'는 건 정의로운 원칙에 따라 행동한다는 거야.
>
> 철학자: 오, 제법 철학 공부한 티가 나는데?
>
> 오리너구리: 그런데 질문이 있어. 정의로운 원칙이 뭔지는 어떻게 구별하지?
>
> 철학자: 흠. 거야 다른 사람들이 하는 걸 보면 되지. 엄마가 안 가르쳐주셨니?
>
> 오리너구리: 도대체 소크라테스는 어디서 이런 범생이들만 모은 걸까?

도덕적 절대주의

이 입장 중 대표적인 것이 신법이다. 이것만 있으면 윤리학이 할 일은 굉장히 단순해진다. 만약 신이 잘못됐다고 하면, 그것은 전부 다 절대적으로 잘못된 거니까. 끝. 하지만 복잡한 문제가 몇 개 있다. 첫째, 신이 무슨 생각을 하는지 어떻게 알지? 근본주의자들은 이렇게 답한다. "경전에 그렇게 쓰여 있다."

하지만 경전 속 인물들은 그들이 받은 징표가 정말 신의 뜻이라고 어떻게 확신했을까? 구약성경의 아브라함은 자기 아들을 제단에 올려서 바치라는 신의 음성을 들었다. 그는 굉장히 괴로웠지만 결심했다. "신이 그리 말씀하셨으니, 따르는 게 좋겠다." 아브라함의 행동에 대한 우리의 첫 번째 철학적 의문은 이렇다. "미쳤어요? 그런 짓을 시키면 신분증이라도 보여달라고 했어야죠?"

신법에는 해석이라는 다른 문제도 따라온다. 당신이 부모를 존경한다는 걸 보증하는 것은 무엇인가? 어버이날 선물? 부모가 원하는 대학에 진학하고, '사'자 직업을 가진 사람과 결혼하는 것?

신법의 주요 특징은 신이 생각보다 꽤 뒤끝이 있다는 점이다.

> 모세가 시나이산에서 언약궤를 들고 힘겹게 내려왔다. 그리고는 모여 있는 청중들에게 말했다. "좋은 소식과 나쁜 소식을 들고 왔습니다. 좋은 소식은 제가 계명을 열 개로 줄였다는 점입니다."
> 사람들은 환호를 받으며, 모세는 다시 입을 열었다.

> "나쁜 소식은, 여전히 그 안에 '간음'이 빠지지 않았다는 거예요."

이와 비슷한 농담이 하나 더 있다. 가톨릭 성인이자 중세 교부철학자인 성 아우구스티누스는 젊은 시절 방탕한 생활로 유명했다. 그는 신과 이런 협상을 시도했는지 모른다.

> 청년 아우구스티누스는 두 손을 모으며 간절하게 기도했다. "신이시여, 제게 순결함을 주십시오."
> 그리고 잠시 눈을 굴리며 고민하더니 말했다. "아, 생각해보니 잠시만 더 있다가요!"

아우구스티누스는 간음하지 말라는 계명을 잘 알고 있었을 테지만, 아마도 신에게 이렇게 변명하고 싶었는지 모른다. "그러니까 제 말은, 정확히 언제부터 간음하지 말라고 말씀하시진 않았잖아요?"

제법 말이 된다.

플라톤식 덕목

철학자 플라톤의 걸작 《국가》엔 이런 구절이 있다. "국가는 거대한 영혼이다."

그는 개인의 덕목을 논의하기 전에, 먼저 이상적인 국가의 덕목에 관해 써내려갔다. 그는 국가의 이상적 통치자를 철학자 왕, 철인왕이라고 불렀다. 왜 철학자들 사이에서 플라톤이 유명한지 알겠는가?

이성이 인간의 영혼을 지도하듯 철인왕은 국가를 지도한다. 이성과 철인왕 모두에게 최고의 덕은 지혜인데, 플라톤은 지혜를 선의 이데아를 이해하는 능력으로 정의했다. 그렇다면 개인의 덕에는 어떤 것들이 있을까? 그는 인간의 영혼이 지혜, 용기, 절제 세 가지 덕을 갖고 있다고 보았다. 그중에서 지혜의 덕에 탁월한 사람이 지도자, 용기의 덕에 탁월한 사람이 군인, 절제의 덕에 탁월한 사람이 생산자가 된다. 이들이 적절하게 조화를 이룰 때, 사회는 건강하고 정의롭게 유지된다고 보았다.

문제는 어떤 사람에게는 최고의 선이 다른 사람에겐 즐길 만한 여러 취향 중 하나일 수도 있다는 거다.

대학 교수 회의에서 갑자기 천사가 나타나더니 철학과 학과장에게 말했다. "지혜, 아름다움, 100만 달러. 셋 중에 하나를 주겠다."

학과장 교수는 즉시 지혜를 택했다. 그러자 그에게 번개가 번쩍 내리치더니 주변으로 연기가 피어올랐다. 잠시 후 연기가 걷히자 자리에 그대로 앉아 있는 교수의 모습이 보였다. 동료 한 명이 조심스레 말했다. "뭐라고 말 좀 해봐요."

학과장 교수가 한숨을 쉬며 말했다. "그냥 돈을 달라고 할걸."

스토아철학

기원전 4세기 스토아철학자들은 제국의 엄격한 통제 속에서 살아갈 때 느껴지는 체념의 정서에 대처하는 법을 고민했다. 그들은 일상에서 바꿀 수 있는 것이 거의 없었다. 그래서 현실 대신 삶에 대한 태도를 바꾸는 쪽을 택했다! '피할 수 없으면 즐겨라'라는 말처럼, 결국 자기 태도만이 통제 가능했기 때문이다.

스토아철학자들이 떠올린 것은 삶에 감정적 거리를 두는 전략이었다. 이런 태도를 평정심(아파테이아)이라고 불렀는데, 덕분에 그들은 동네 바에서 비웃음을 사기 일쑤였다. 감정적인 행복, 예를 들면 성관계, 약물, 힙합이나 록 음악 등을 모두 멀리한 것이다. 오남용에 따른 불행을 피하기 위해서라고 할까. 그들은 늘 이성을 따르며, 사주덕이라고도 불리는 지혜, 용기, 절제, 정의 네 가지 미덕을 통해 감정이나 욕구 등을 통제하려 했다. 그러면서 스스로 진정한 행복을 누린다고 여겼다. 말하자면 안 불행하다는 것이다.

다음 쿠퍼 씨 이야기는 스토아철학을 현대적으로 적용하는 방법을 알려준다.

> 쿠퍼 부부가 치과에 갔다. 쿠퍼 씨는 전혀 감정적 변동이 없는 차분한 목소리로 의사에게 요청했다. "마취나 다른 치료는 다 필요 없습니다. 그냥 바로 신경치료를 시작해주세요."
> 치과의사가 존경심을 담아 말했다. "제 환자들이 당

신처럼 훌륭한 평정심을 가지면 좋겠는데요. 그런데 어느 이가 아프신가요?"

그러자 쿠퍼가 옆에 있던 아내를 쿡쿡 찌르며 말했다.

"여보, 뭐하고 있어. 얼른 입 벌려야지."

소설가 길버트 체스터턴은 이렇게 썼다.

"'좋다'는 말에는 여러 의미가 있다. 예를 들어, 어떤 사람이 500미터 거리에서 자기 어머니를 쐈다면, 나는 그를 좋은 사수라고 부르겠지만, 반드시 좋은 사람이라고 부르진 않을 것이다."

'반드시'라는 부사만 봐도, 체스터턴이 꽤 철학적인 태도를 가진 사람이라는 걸 알 수 있다.

공리주의

20세기 공산주의 혁명가 레닌은 이렇게 말했다. "결과가 수단을 정당화한다."

재미있는 점은 미국 공화당의 기독교 근본주의자들이

좋아하는 철학자 존 스튜어트 밀의 관점도 크게 다르지 않다는 것이다. 밀과 공리주의자들은 결과주의 윤리학을 제시했다. 어떤 행동이 도덕적으로 옳은지 그른지는 오직 그 결과에 의해 결정된다는 것이다.

다음 이야기의 주인공은 분명 공리주의자다.

불치병에 걸린 오캘러핸 부인이 어떤 화가에게 자신의 자화상을 그려달라고 주문했다. 대신 양 팔목에는 금팔찌, 목에는 진주 목걸이, 귀에는 루비 귀걸이, 머리에 다이아몬드 왕관 장식을 하고 있어야 한다고 신신당부했다.

예술가는 그렇게 거짓으로 그릴 순 없다고 말했다. 그러자 오캘러핸 부인이 말했다.

"저기요. 내 남편은 지금 젊은 금발 비서하고 놀아나고 있어요. 내가 죽고 나면, 그 녀석이 그림 속 장신구들을 찾아다니느라 미쳤으면 좋겠다고요."

이런 식의 정당화는 누군가 심한 나쁜 짓을 저질렀을 때 쓸 만하다. 물론 그 결과가 충분히 '좋은' 것으로 느껴진다면 말이다.

> 배우자를 잃은 브레부트 부인이 수영장에서 시간을 보내다, 어떤 잘생긴 사람이 볕을 쬐는 모습을 발견했다. 브레부트 부인이 그에게 슬며시 다가가 말했다.
> "낯이 익은데, 저희 처음 보는 걸까요?"
> 그가 말했다. "아마도요. 저는 감옥에 30년이나 있었으니까요."
> "정말요? 무슨 잘못을 저질렀기에?"
> "바람피운 아내를 죽였거든요."
> 브레부트 부인은 얼굴에 웃음을 가득 띠며 말했다.
> "아, 어쨌든 지금 싱글이라는 거죠?"

베스트셀러 작가이자 유명한 공리주의 철학자 피터 싱어는 서로 다른 두 결정을 비교하는 걸 좋아한다. 하나는 누가 봐도 끔찍한 결과를 낳는 결정이고, 다른 하나는 언뜻 보기엔 좀 낫지만 싱어가 보기엔 앞선 것과 윤리적으로 별 차이 없는 결정이다.

예를 들어보자. 누군가 사람의 장기를 불법으로 채취

해 파는 범죄조직에 고아를 팔아넘기고 돈을 벌어 최신형 TV를 샀다고 치자. 이게 나쁜 행동이라는 데 우리 모두 동의할 것이다.

하지만 싱어는 한걸음 더 나아가, 고아를 위한 자선단체에 기부금을 보내지 않고 편하게 최신형 TV만 사는 사람들 또한 앞선 상황과 본질적으로 똑같다고 주장한다. 괜히 기분이 나빠지는 주장이다. 주로 극단적인 개별 상황에서 일반적인 도덕 선언으로 나아가는 유비논증인데, 고전적인 농담에서도 종종 쓰는 수법이다.

오리너구리: 누가 100만 달러를 준다고 허면 오줌을 먹을 수 있겠어?

철학자: 100만 달러? 가능할 거 같은데.

오리너구리: 그럼 2달러는 어때?

철학자: 야, 말이 되니. 대체 날 뭘로 보는 거야?

오리너구리: 오케이. 남은 건 가격 협상뿐이란 거네.

정언명령과 황금률

칸트는 가장 포괄적인 원칙으로 다른 모든 윤리적 규칙에 적용되는 기준을 '정언명령'이라고 불렀다. 처음 보면 단지 오래된 황금률을 좀 더 복잡하게 다듬은 걸로 보인다. 황금률이 "남이 나에게 해주기를 바라는 걸 남에게 해주라"고 말한다면, 칸트의 정언명령은 이렇게 말하는 식이다. "당신이 어떤 규칙에 따라 행동할 때에는, 그것이 언제나 누구에게나 보편적인 원리가 될 수 있도록 행동하라."

물론 칸트 쪽이 좀 더 엄격하게 보인다. 심지어 그는 어떤 경우에도 거짓말을 해선 안 된다고 주장했다. 설령 그게 좋은 결과로 이어지는, 선의의 거짓말일지라도. 아마 공리주의자들은 칸트와 입장이 다르겠지만.

사실 '정언명령'이라는 단어 자체에도 조금 딱딱한 독일 뉘앙스가 들어 있는 것 같다. 어쩔 수 없는 부분일 수 있다. 실제로 칸트는 평생 고향을 떠나지 않았고, 시계보다 규칙적인 생활을 했던 독일인이었으니까.

아무튼 정언명령과 황금률은 꽤 많이 닮았다. 첫째, 둘

다 "부모를 존경하라"나 "시금치를 챙겨먹으라"와 같이 구체적 행위에 대한 규칙은 아니다. 둘째, 대신 둘 다 구체적 행동이 옳은지 그른지 결정하는 관념적인 원칙을 제공한다. 셋째, 둘 다 이런 관념적인 원칙이 담겨 있다. "모든 사람이 똑같이 귀하며, 그래서 모든 사람은 도덕적으로 동등한 대우를 받아야 한다. 바로 당신이나 나처럼."

다만 정언명령과 황금률 사이에는 근본적인 차이가 하나 있다. 다음 문장이 그 차이를 알려줄 것이다.

사디스트는 황금률을 따르는 마조히스트다.

만약 어떤 마조히스트가 다른 이에게 채찍질을 하면서 "난 그저 누군가 나한테 해주길 바라는 황금률을 따를 뿐이다"라고 말한다면 어떨까? 물론 칸트는 "다른 사람에게 고통을 줘라"라는 것을 정언명령으로 삼아야 한다고 진심으로 주장할 마조히스트는 없다고 단언할 것이다. 심지어 진짜 마조히스트조차 그런 주장이 비합리적이라는 걸 내심 알 테니까.

영국의 극작가 조지 버나드 쇼는 이와 비슷한 생각으로 황금률을 약간 비틀었다.

누군가 내게 해주길 바라는 걸 남에게 해주지 말라.
서로 취향이 다를 수 있으니까.

황금률의 다양한 변형은 칸트 말고도 전 세계 여러 종교 전통에서 찾아볼 수 있다.

- 힌두교(기원전 13세기)
네가 당하고 싶지 않는 일을 다른 이에게 하지 말라. (…) 그것이 다르마(우주법칙)의 전부다. 여기 귀를 기울이라. _《마하바라타》
- 유태교(기원전 13세기)
네게 혐오스러운 행위를 네 이웃에게 하지 말라. 이것이 토라(율법, 구약성경의 맨 앞 다섯 권)의 핵심이다. 나머지는 해설일 뿐. 이것을 익히라. _《탈무드》
- 조로아스터교(기원전 12세기)
인간의 본성은 자신에게 좋지 않은 어떤 일도 타인에게 하지 않을 때에만 선하다. 《다디스탄 이 디니크》
- 불교(기원전 6세기)

> 네가 해롭다고 생각한 일을 다른 이에게 하지 말라. _《법구경》
>
> • 유교(기원전 6세기)
>
> 자신이 원하지 않는 것을 다른 이에게 하지 말라. _《논어》
>
> • 이슬람교(7세기)
>
> 자신이 원하는 것을 다른 이를 위해 원하기 전까지는, 누구도 믿는 자라 할 수 없다. _《하디스》
>
> • 바하이교(19세기)
>
> 그대가 자신에게 대하지 않은 방식으로 그 어떤 다른 영혼도 대하지 말고, 그대가 자신에게 말하지 않았던 것을 그 어떤 다른 영혼에게 말하지 말지어다. 이것이 그대들에게 내리는 나의 계명이니, 잘 살피라. _《숨겨진 말씀》
>
> • 소프라노스교(21세기)
>
> 네가 두들겨 맞은 것처럼 옆에 있는 새끼를 갈겨버리란 말야. 내 말 알아들어? _미국 드라마 〈소프라노스〉 12화

권력의지

19세기 독일 철학자 니체는 '망치를 든 철학자'라는 무시무시한 별명이 있었다. 그리고 그 별명에 걸맞게 전통적인 기독교 윤리를 뒤집어버리는 충격적인 선언을 한

다. 그는 냅다 신의 죽음을 알리는 일부터 시작한다. "신은 죽었다!" 그러자 신은 대학가 남자 화장실 칸막이에 니체의 죽음을 알리는 것으로 되갚아주었다. "니체 너도 죽었다!" 물론 청소부 입장에서는 둘 다 짜증이 났을 터다. "걸리면 둘 다 죽는다!"

니체가 신의 죽음을 선언한 이유는 기독교 윤리를 기반으로 한 오랜 서양 문화 전통에 종말이 왔다고 봤기 때문이다. 남에게 피해를 끼치지 말라, 부자가 천국에 들어가는 것은 낙타가 바늘귀를 통과하는 것보다 어렵다, 원수를 사랑하라…. 그는 기독교가 퍼뜨린 이런 '부자연스러운' 윤리를 '군중 도덕' 또는 '노예 도덕'이라고 불렀다. 그리고 이런 기독교 윤리를 좀 더 삶에 충실한 힘의 윤리인 '권력의지'로 대체했다. 권력의지를 갖춘 위버멘시(초인)은 군중 도덕을 초월해 새로운 윤리를 만들고, 자신의 우월한 힘을 마음껏 누린다. 니체는 분명 황금률에 관해선 토니 소프라노의 손을 들어주었을 것이다.

물론 그의 위버멘시 철학이 무자비한 독재자나 사이코패스 살인마까지 옹호한 건 당연히 아니다. 세상의 기준이 아닌 자기만의 기준을 세우라는 지침에 가깝다고 할까. 힘과 권력을 제멋대로 휘두르는 이들은 힘을 자유롭게 쓰는 게 아니라, 오히려 그 힘에 휘둘리는 격이니. 어쨌든 그의 철학은 오해하기 쉬운 탓에 독일식 군국주의의 원흉이라는 비난을 샀다.

질문: 독일 음식의 문제는?
답변: 얼마나 많이 먹든지 한 시간만 지나면 권력에 굶주리게 된다는 점이다.

감정주의

20세기 중반이 되자, 윤리학 논의는 대부분 메타윤리를 다루게 됐다. 철학자들은 '어떤 행동이 좋은가' 묻는 대신 '어떤 행동이 좋다고 말할 때 그 뜻은 무엇인가?'라고 물었다. X는 좋다고 말할 때 나는 X에 동의한다는 뜻인가, 아니면 X를 보거나 생각할 때 느끼는 감정을 표현한 것인가? 후자에 동의하는 입장이 '감정주의'다. 무슨 뜻인지 잘 모르겠다면, 다음 이야기를 살펴보자.

어떤 사람이 국세청에 편지를 썼다. "제가 소득세를 허위 신고했다는 사실을 알고 잠들 수가 없었습니다. 저는 과세 소득을 낮춰서 신고했어요. 서류에 100달러를 첨부했습니다. 계속 잠이 안 온다면, 나머지도 보내겠습니다."

응용윤리학

좋다는 말의 의미를 메타윤리학적으로 '따지는' 유행이 지나자마자, 이번엔 윤리학을 '하는' 것이 다시 인기를 얻기 시작했다. 철학자들은 구체적으로 어떤 행동이 좋은지에 관해 글을 쓰기 시작했다. 생명윤리학, 여성주의 윤리학, 동물권에 관한 윤리학 등이 유행한 것이다.

이때 급격히 성장한 응용윤리학의 한 분야가 바로 고객이나 환자를 어떻게 다뤄야 하는지 정하는 직업윤리다.

직업윤리에 관한 세미나를 듣고, 정신과 의사 네 명이 걸어 나왔다. 첫 번째 의사가 말했다. "사람들은 우리한테 온갖 문제나 부정적 감정을 털어놓는데, 정작 우리는 그런 걸 털어놓을 데가 없잖아? 우리끼리라도 솔직하게 이야기를 들어주는 건 어때?"

모두가 기뻐하며 동의했다. 먼저 첫째 의사가 말했다. "난 환자를 죽여버리고 싶다는 생각이 자주 들어."

이어 둘째 의사가 말했다. "난 환자한테 가급적 많은 돈을 뜯을 방법을 찾지."

셋째 의사도 맞장구쳤다. "난 마약을 팔아. 종종 그걸 환자에게 넘기기도 하고."

이윽고 가만히 듣고 있던 마지막 의사가 고백했다. "나는 도저히 비밀을 지킬 수 없더라고."

의학 분야들도 제각각 윤리적 원칙들을 발전시켰다.

가정의학과 의사, 산부인과 의사, 외과 의사, 병리학과 의사가 함께 오리 사냥을 떠났다. 그때 새 한 마리가 머리 위로 날아갔다. 이를 본 가정의학과 의사는 총을 쏘려다가 말았다. 오리인지 확신하지 못했기 때문이다. 산부인과 의사도 쏘려다가 총구를 내렸다. 그

오리가 수컷인지 암컷인지 몰랐기 때문이다. 그동안 외과 의사는 새를 쏴버린 뒤, 병리학자에게 말했다. "얼른 가서 그거 오리인지 아닌지 좀 봐요."

심지어 변호사에게도 직업윤리라는 게 있긴 있다. 의뢰인이 변호사에게 300달러만 줘도 되는데 실수로 400달러를 건넸을 때, 그 변호사는 윤리적 질문에 부딪힌다. 이걸 동료한테 말해, 하지 말아?

성직자에게도 직업윤리가 있다. 물론 그들의 직업윤리는 신이 내린 것이다.

젊은 랍비는 골프광이었다. 1년 중 가장 경건해야 할 대속죄일에도 몰래 9홀을 돌았다.
마지막 홀에서 그가 티샷을 쳤을 때, 갑자기 회오리바람이 몰아치더니 공이 그 바람을 타고 홀 위로 올라가 안으로 떨어졌다. 홀인원이었다.
이 기적을 보고 천사가 신에게 불평했다. "저 자는 대속죄일에도 골프를 치는데, 왜 홀인원을 하게 해주셨나요. 벌을 주셔야 하지 않나요?"

그러자 신이 웃으며 말했다. "물론 벌을 줘야지. 그가 이 사실을 누구한테 자랑할 수 있겠느냐?"

응용윤리학에서 흥미롭지만 어려운 상황이 뭘까. 바로 좋은 것 두 개 중 하나를 고르는 딜레마 상황이다. 직장과 가정 가운데 더 충실해야 할 대상은? 나와 아이들 가운데 더 소중한 대상은? 인류애와 애국심 중 반드시 하나만 택해야 한다면? 애비와 앤 랜더스(전 세계에서 가장 많은 독자를 가졌던 고민상담 칼럼니스트-역자 주)가 직장생활 분야에서, 《뉴욕타임스》 칼럼니스트 랜디 코헨이 주로 다루는 현실에서의 윤리적 딜레마 문제들이 이런 것들이다. 코헨이 독자에게 받았다며 얼마 전 《슬레이트 매거진》 사이트에 올린 한 질문을 살펴보자.
"나는 현재 직장에서 행복합니다. 최근 코도르의 새로운 영주로 승진도 했죠. 그런데 아내는 만족하지 않은 모양입니다. 나도 물론 야심이 있어요. 하지만 더 위로 올라가자고 살인까지 하는 건 좀 아니지 않나요? 하, 그래도 아내의 욕망을 들어주긴 해야겠죠? 그게 남편으로서 제 의무니까요. 우리는, 어쨌든, 가족이니까." —스코틀랜드의 맥베스로부터.

정신분석학이 준 충격

지그문트 프로이트는 철학자가 아닌 심리학자지만, 윤리학에 꽤 큰 충격을 주었다. 인간의 행동을 결정하는 것이 예의나 이성, 철학적 분별력이 아닌 무의식적이고 생물학적인 충동이라고 주장했기 때문이다. 도덕철학자들의 말처럼 우리 삶을 이성적으로 통제하는 건 무척이나 어렵다.

게다가 우리의 무의식은 언제나 그런 상황을 깨뜨리려 한다. 예를 들어, 프로이트식 말실수가 그렇다. 우리의 무의식적 욕망이 담긴 말을 '실수로' 내뱉는 것이다.

> 심리치료사가 내담자에게 지난번 어머니를 만나러 갔을 때 어땠는지 물었다. 내담자가 말했다. "별로 안 좋았어요. 끔찍한 말실수를 했거든요."
> 심리치료사가 물었다. "그래요? 뭐라고 하셨나요?"
> "원래 '소금 좀 주세요'라고 하려고 했는데, '엄마가 내 인생 망쳤어!'라고 말해버렸거든요."

프로이트 입장에선 이 세상의 모든 윤리학적 기준보다 그저 간밤에 꾼 좋은 꿈 하나가, 우리 행동을 지배하는 진정한 무의식적 존재에 대해 더 잘 알려준다.

> 한 남자가 정신건강의학과 병원에 급하게 찾아와 늦잠을 자서 늦었다며 사과했다.
> 그는 숨을 가쁘게 쉬며 말했다. "그런데 놀라운 꿈을 꿨어요. 저와 이야기하던 어머니가 갑자기 선생님으로 변하는 거예요. 그래서 깨자마자 콜라와 도넛을 든 채로 여기로 달려왔죠."
> 정신과 의사가 말했다. "콜라와 도넛? 얘야, 지금 그걸 아침식사라고 하는 거니?"

한편 프로이트조차 모든 인간 행동을 무의식적 충동으로 환원하다가는 종종 명백한 진실을 놓칠 수도 있다는 걸 인정했다. 그가 한 이 유명한 말처럼. "때로 시가는 그저 시가일 뿐이다."

> 한 남자가 면도를 하다가 그만 면도칼을 떨어뜨려서

그의 성기가 잘렸다. 그는 잘린 부위를 주워 주머니에 넣고 급히 택시를 잡은 뒤 응급실로 갔다.

도착한 뒤 그는 외과의사에게 사건을 설명했다. 의사가 말했다. "빨리 수술에 들어가야겠군요. 그걸 제게 주세요."

남자는 주머니를 뒤져 그 안에 있던 것을 건넸다. 그러자 외과의사가 말했다.

"뭐죠? 이건 시가입니다. 성기가 아니고요!"

"맙소사. 택시 안에서 시가인 줄 알고 피워버렸나 봐요!"

상황윤리학

1960년대에는 상황윤리에 관해 논쟁이 있었다. 이를 옹호하는 사람들은 어떤 행동이 윤리적인가 결정하는 것이 그 상황에 따른 특수한 요소들의 조합에 달렸다고 주장했다. 영향을 받는 사람은 누구인가? 그 결과 그들은 어떤 이해득실을 보는가? 그 결과가 미래 상황에 어떤 영향을 미칠까? 질문하고 있는 사람은 누구인가?

불륜을 예로 들면, 상황윤리학자들은 다른 무엇보다 결혼 생활의 현재 상태가 궁금할 것이다. 결혼 관계가 실질적 파국에 이르렀는지 여부에 따라, 전혀 다른 결론을 내릴 수 있다는 것이다. 반면, 상황윤리학의 반대파는 이런 사고방식이 사람들의 행동을 정당화하는 데 악용될 거라고 말한다. 이런 반대파 중 몇몇은 절대주의 입장을 취한다. 예컨대, 불륜은 무조건 나쁘다는 것이다.

하지만 역설적이게도, 때로는 상황의 구체적 요소들을 무시할 때 이익이 생기기도 한다.

> 무장강도가 은행에 침입해, 손님들을 줄 세우고 직원들을 벽 쪽으로 몰아세운 뒤 그들의 지갑, 시계, 귀금속을 빼앗기 시작했다. 은행 직원 둘도 그들 속에 있었는데, 한 직원이 갑자기 다른 직원의 손에 뭔가를 쥐여줬다. 그가 귓속말로 물었다. "이거 뭐야?"
> 그러자 뭔가를 건넨 직원이 귓속말로 답했다. "50달러. 얼마 전에 빌린 돈, 지금 갚을게."

오리너구리: 뭐가 옳고 그른지 모르겠지만, 하나는 확실하군. 삶에서 중요한 건 신들을 기쁘게 해주는 거야!

철학자: 신들이라면… 제우스나 아폴로 같은?

오리너구리: 맞아. 아니면 아름다움과 사랑의 여신 아프로디테라든가.

철학자: 나도 아프로디테가 제일 좋더라. 뭐, 그런 신이 정말 실제로 있다면 말이지.

오리너구리: 실제로 있다면? 말조심하라고. 저번에 누가 그렇게 말하다가 날벼락 맞는 걸 봤거든.

철학자: 자, 이제 종교에 관해 떠들 차례군.

"PLATO AND PLATYPUS"

5

신은 도박을 할 수 있을까?

신과 종교에 관한 발칙한 질문들

종교철학자들이 논쟁하기 좋아하는 신은
우리가 일반적으로 생각하는 존재와 같을까?
그보다는 영화 〈스타워즈〉의 '포스'처럼 추상적이다.
매순간 쏟아지는 기도에 밤잠을 설칠지 모를,
하늘에 계신 아버지와는 닮은 점이 거의 없다.

오리너구리: 며칠 전에 제우스랑 얘기했는데, 자네가 나한테 나쁜 영향을 끼치고 있다고 하네.

철학자: 그래? 오히려 제우스가 네게 나쁜 영향을 주는 거 같은데.

오리너구리: 어떻게?

철학자: 망상을 신탁으로 착각하게 만들잖아.

신에 대한 믿음

불가지론자는 신의 존재를 증명할 객관적 증거는 없지만, 그렇다고 신이 존재할 가능성 자체를 부정하지는 않는다. 무신론자는 거기서 한 발짝 더 나아간다. 이들이 "나는 나다"라고 말하는 불타는 덤불(구약성서 〈출애굽기〉에서 신이 등장한 모습-역자 주) 옆을 지나갔다면 어떻게 반응했을까? 아마 불가지론자는 숨겨진 녹음기를 찾으려 하겠지만, 무신론자는 "뭐라는 거야"라며 불에 마시멜로를 갖다 댈 것이다.

아일랜드 출신 두 사람이 버드와이저 맥주를 마시고

있었다. 그들은 술집 저 구석에서 혼자 술을 마시고 있는 대머리 신사를 보았다.

팻: 어, 저거 윈스턴 처칠 아냐?

숀: 아니, 그럴 리 없어. 처칠이 이런 데 있겠냐.

팻: 농담 아니야. 잘 봐봐. 처칠이 맞다는 데 10파운드 건다.

숀: 그래? 그럼 확인해봐.

팻은 대머리 신사에게 다가가 말을 걸었다. "당신 윈스턴 처칠 맞죠?"

그러자 신사는 험악한 표정으로 소리쳤다. "내 앞에서 꺼져, 이 자식아."

팻이 숀에게 돌아와 말했다. "아무래도 처칠인지 아닌지 알 방법이 없겠는데?"

이게 불가지론자처럼 생각하는 법이다.

무신론자에겐 다른 이야기가 있다. 철학자들은 아주 오래 전부터 신앙인과 무신론자 사이의 논쟁이 쓸모가 없다는 데 동의했다. 모든 걸 너무나도 다르게 해석하기 때문이다. 논쟁을 하려면 어딘가 공통점이 있어야 한다.

그래야 한 사람이 "아, 그럼 당신이 X를 인정하면, Y 또한 인정해야겠네요!"라고 말할 수 있으니까. 그런데 무신론자와 신앙인은 서로 공통적으로 동의할 수 있는 X를 발견하지 못한다. 각자 자기 관점에서 모든 걸 바라보기에, 논쟁이 시작조차 될 수 없다. 이에 관한 이야기가 하나 있다.

> 독실한 기독교도 노인이 매일 아침 집 현관문 앞에 나와 크게 소리쳤다. "주님을 찬미합니다!"
> 그때마다 이웃집의 무신론자도 소리쳤다. "신 같은 건 없습니다!"
> 이런 일이 한참 계속됐다. 시간이 흘러 노인이 경제적으로 어려워져, 당장 먹을 것도 살 수 없게 됐다. 그는 현관으로 나가 신에게 음식을 내려달라고 간절하게 기도했다.
> 다음 날 아침, 노인이 현관에 나왔을 때, 그가 간절히 기도했던 음식들이 가득 놓여 있는 게 아닌가! 그는 기쁨에 사로잡혀 "주님을 찬미합니다!"라고 외쳤다.
> 그때 무신론자가 덤불 뒤에서 튀어나오며 말했다.

"아이고, 그거 내가 사다놓은 거요. 이제 신은 없다는 걸 알겠죠?"

그러자 노인은 무신론자를 바라보며 더욱 활짝 웃으며 외쳤다. "주님을 찬미합니다! 저에게 일용할 양식을 주셨을 뿐만 아니라, 그 돈을 저 사탄이 내게끔 하셨으니까요!"

샘 해리스는 2005년에 쓴 베스트셀러 《신앙의 종말》에서 신앙에 관한 코미디 대본을 썼다.
"독실한 기독교인에게 당신 배우자가 바람을 피우고 있다고 하거나, 요거트를 얼려 먹으면 투명인간이 될 수 있다고 말해보세요. 그는 당연히 명백한 증거를 요구할 겁니다. 그런데 이번엔 그에게, 당신이 머리맡에 두고 잠드는 그 책이 보이지 않는 신에 의해 쓰였으며, 거기에 담긴 계명들을 지키지 않으면 당신을 영원히 불타는 지옥불에 떨어뜨려 벌줄 거라고 이야기해보세요. 어떤 증거도 요구하지 않을 걸요."

17세기 프랑스 철학자 파스칼은 신을 믿을지 말지 결정하는 것이 내기와 비슷하다고 말했다. 만약 신이 있다고 믿고 살았는데, 죽고 보니 신이 없다면? 별일 일어나지 않을 거다. 이럴 줄 알았으면 7대 죄악(교만, 탐욕, 질투, 분노, 식탐, 성욕, 게으름)을 더 맘껏 즐길 걸 하는 아쉬움은 들겠지만, 반대 상황에 비하면 아무것도 아니다. 만약 신이 없다는 쪽에 걸었는데, 죽고 보니 신이 있다면? 영원한 구원이나 축복은커녕 지옥에서 고문을 당할 수도 있다.

그래서 파스칼은 의심이 좀 들더라도 신이 있다고 믿고 교회도 좀 다니는 게 계산적으로 훨씬 좋은 전략이라고 주장했다. 이를 '파스칼의 내기'라고 한다. 요즘 스타일로 표현하면 분산투자 전략이라고 할까.

파스칼의 《팡세》에 영향을 받은 한 노인이 10만 달러가 든 가방을 들고 은행에 가서 계좌 개설을 요청했다. 은행원은 조심스럽게 돈의 출처를 물었다. 노인이 대답했다. "도박해서 땄지. 내가 좀 치거든."
흥미가 생긴 은행원이 물었다. "어떤 도박을 하셨나요?"
노인이 말했다. "뭐든지. 예를 들면, 자네가 내일 낮

12시까지 오른쪽 엉덩이에 나비 문신을 새기면 2만 5000달러를 주지. 안 하면 내가 그 돈을 받고."

은행원이 말했다. "그런 내기라면 저도 할 만한데요. 다만 제가 이런 말도 안 되는 내기로 손님 돈을 가져갈 순 없죠."

노인이 말했다. "자네가 내기 안 하면 내 돈을 전부 빼서 다른 은행에 넣겠네. 어떻게 하겠나?"

은행원이 말했다. "그렇게까지 말씀하시면 망설일 이유가 없네요. 내기하시죠."

그리고 다음 날 낮 12시가 되자 노인은 변호사와 함께 은행에 다시 찾아왔다. 은행원이 뒤돌아서 바지를 내려 엉덩이 문신을 보여주면서, 자신이 내기에서 이겼다며 웃었다. 노인이 말했다. "좋네. 확실한지 보게 조금만 더 몸을 숙여주겠나?"

은행원은 그렇게 하자 노인은 고개를 끄덕이며 자기 가방에서 현금으로 2만 5000달러를 꺼내서 주었다. 그런데 은행원의 눈에 노인과 함께 온 변호사가 머리를 싸매고 주저앉아 있는 모습이 보였다. 은행원이 노인에게 물었다. "저 분은 왜 저러시죠?"

> 노인이 웃으며 말했다. "아, 내기에서 져서 그래. 오늘
> 점심까지 자네가 은행에서 엉덩이를 까서 보여준다
> 는 걸로 10만 달러 내기를 했거든."

분산투자와 확률 조작은 이처럼 종이 한 장 차이다.
신파스칼주의 전략도 알아보자.

> 한 사람이 어깨에 앵무새를 얹고 크리스마스 예배에
> 참석했다. 그는 성가대보다 앵무새가 찬송을 더 잘 부
> 른다며 몇몇 사람에게 내기를 하자고 했다. 그런데 정
> 작 찬송 시간이 되자 앵무새는 아무 소리도 내지 않았
> 다. 결국 돈을 잃고 집에 돌아온 그는 자기 앵무새에
> 게 화를 내며 침울해했다. 그러자 앵무새가 혀를 차며
> 말했다. "머리를 좀 써라, 멍청아! 신년 예배 때 더 크
> 게 딸 생각을 해야지!"

이 똘똘한 앵무새는 철학을 좀 공부한 것 같다.
파스칼의 내기에서 확률을 잘 조작할 수 있다면, 일요일 아침마다 교회에 가지 않고도 신을 만족시킬 수 있을

지도 모른다. 물론 신이 있다면, 우리가 이렇게 애쓴다는 걸 알아주시겠지.

이신론과 역사적 종교

18세기 철학자들은 대개 회의주의자 아니면 이신론자였다. 이신론이란 철학자들이 상상해낸 신으로, 인격체가 아닌 '포스' 같은 존재, 늘 곁에 함께하는 분이 아닌 시계를 만든 시계공 비슷한 존재라고 할까.

전통적인 유대교와 기독교는 이런 형태의 신을 인정하지 않는다. 그들에게 신은 그저 시계공이 아니라 역사의 주인이다. 이집트에서의 유태 민족을 탈출시키고, 다시 그들을 광야에서 유랑하게 하며, 마침내 약속의 땅에 도착하게끔 이끄는 존재. 한마디로, 문제가 있을 때마다 나타나 큰 도움을 주는 쓸모 있는 존재랄까.

한 노인이 손주를 돌보고 있었다. 그때 큰 파도가 쳐서 그만 손주가 바다에 빠졌다. 노인은 매우 놀라서 기도했다. "신이시여, 제 유일한 손주입니다. 제발 그를 저에게 되돌려주세요. 간절히 기도합니다."

그때 큰 파도가 치더니 손주가 안전하게 모래사장으로 되돌아왔다.

그러자 노인이 두 손을 모아 하늘 높이 들며 말했다. "왜 모자는 안 돌려주시나요?"

이 이야기를 시계공 하느님께 들려주면 반응이 어떨지.

신학적 차이

종교철학자들이 '신은 존재하는가?' 같은 거대한 질문을 고민하는 동안, 신학자들은 상대적으로 사소한 문제를 고민했다. 주로 사순절(기독교인들이 예수가 부활한 부활절을 앞두고 40일 동안 몸과 마음을 경건하게 하며 지내는 시기 - 역자 주) 기간 동안에 일어나는 일이다.

> 20세기의 신학자 겸 철학자인 폴 틸리히에 따르면 종교철학과 신학 사이에는 큰 차이가 있다. 철학자가 가능한 객관적으로 신에 관한 문제를 고민하며 진리를 추구한다면, 신학자들은 이미 믿음에 사로잡혀 있다는 것이다. 다시 말해, 종교철학자는 바깥에서, 그리고 신학자는 안에서 신과 종교를 바라본다.

신학은 '성령은 성부에게서 나오는가? 아니면 성부와 성자에서 나오는가?'와 같은 무거운 질문들을 두고 분열한다. 하지만 평신도들은 이런 난제들에 보다 간단한 답을 원한다. 신께 감사하게도, 코미디언들이 이런 문제를 잘 다룬다.

> 유태인은 예수를 메시아로 인정하지 않는다.
> 개신교인은 교황을 인정하지 않는다.
> 그리고 침례교인(매우 엄격한 규칙을 가지고 있는 기독교 교파 – 역자 주)은 술집에선 서로를 알아보지 못한다.

마지막 문장은 일상에서 꽤 쓸모가 있다. 예컨대 이런

말이 있다. 침례교인과 낚시를 간다면, 한 명만 초대하지 말라. 그가 맥주를 전부 마셔버릴 테니까. 하지만 침례교인을 두 명 초대하면? 서로 눈치를 볼 테니, 당신 혼자 맥주를 다 마실 수 있다!

어떤 행동이 신에게 혼날 만한 일인지 아닌지 따지다가 교단이 나눠지기도 한다. 천주교에서는 미사에 참석하지 않는 것이 큰 잘못이다. 침례교인에게는 춤추는 것이 큰 잘못이다. 미국 성공회에서는 디저트 포크로 샐러드를 먹는 것이 큰 잘못이고.

다시 진지한 이야기로 돌아오면, 교단들 사이에는 중요한 교리 차이가 있다. 예를 들면, 아래 농담은 천주교인을 위한 것이다.

> 예수가 길을 걷다가 간음한 여자에게 돌을 던지려는 사람들을 보았다.
> 예수가 그들을 보며 말했다. "누구든 죄 없는 사람이 먼저 돌을 던지라."
> 군중은 서로 눈치만 보며 하나둘 돌을 내려놨다. 그런데 갑자기 뒤에서 돌멩이 하나가 날아왔다.

예수가 뒤돌아보며 다급하게 외쳤다. "엄마야?"

기독교는 모든 인간에게 원죄가 있다고 믿는데, 오직 천주교에선 성모가 죄 없이 잉태됐다고 믿는다. 구세주인 예수를 낳을 수 있도록 성모 마리아는 원죄에 더럽혀지지 않고 태어났다는 거다.

종파 분열을 놀리는 농담 중에선 반종교개혁 운동을 다룬 농담이 인기 있다. 기본적인 농담을 하나 살펴보자.

한 남자가 경제적으로 심각하게 쪼들리고 있었다. 그는 복권에 당첨되게 해달라고 신에게 기도했다.

며칠이 지나고, 몇 주가 지나도, 하나도 당첨되지 않았다. 결국 그는 절망하며 울부짖었다. "분명히 그러셨잖아요. '두드리라, 그러면 열리리라. 찾으라, 그러면 찾으리라.' 그런데 저는 완전히 망했고, 여전히 복권에도 당첨이 안 되고 있는 걸요!"

그러자 저 위에서 울려 퍼지는 목소리가 말했다. "두드리는 것과 찾는 것 중 하나밖에 안 했잖니. 얼른 면벌부(부패한 중세 가톨릭교회가 죄의 처벌을 면해준다며 팔았던 증서로, 이에 분노한 루터가 종교개혁을 일으켰다 – 역자 주)부터 사거라."

이 남자는 분명 개신교인이다. 마르틴 루터처럼 면벌부도 사지 않고 은혜만으로 구원받을 거라 생각하니까. 개신교의 예정설에 따르면, 신의 구원은 인간의 노력이나 면벌부의 구매와는 상관이 없다. 뭐, 위의 이야기에서 신은 면벌부에 관한 농담을 했지만, 실제로는 종교개혁 운동을 방관했다. 실제로 이 농담은 1545년의 트리엔트 공의회 이후에 생겨났다. 이 공의회에서 주교들은 신의 구원이 은혜와 노력, 다시 말해 기도와 면벌부 구입의 결합을 통해 이루어진다고 결정했다.

모든 기독교 교단이 동시에 인정하는 믿음은 단 하나다. 오직 자신들의 신학만이 천국으로 가는 지름길이라는 거다.

한 사람이 죽어서 천국의 문 앞에 섰다. 베드로가 물었다. "종교는?"
그가 대답했다. "감리교입니다."

베드로가 명단을 보더니 말했다. "28번 방으로 가게. 8번 방 앞을 지날 때는 조용히 하고."

다른 사람이 천국의 문 앞에 섰다. "종교는?"

"침례교입니다."

"18번 방으로 가게. 8번 방 앞을 지날 때는 조용히 하고."

세 번째 사람이 문 앞에 섰다. "종교는?"

"유대교입니다."

"11번 방으로 가게. 8번 방 앞을 지날 때는 조용히 하고."

그러자 세 번째 사람이 말했다. "종교별로 각방을 쓴다는 건 알겠습니다. 그런데 왜 8번 방을 지날 때는 조용히 해야 하나요?"

베드로가 말했다. "8번 방은 여호와의 증인들 몫이다. 그 친구들은 여기에 자기만 있는 줄 알거든."

19세기 독일 철학자 쇼펜하우어는 불교의 영향을 받아 자신만의 철학을 만들었다고 알려졌다. 2500년 전 붓다처럼, 쇼펜하우어도 인간의 삶은 온갖 역경과 좌절로 가득하다고 보았다. 그에게 유일한 탈출구는 욕망을 거부하고 '삶에의 의지'를 부정하는 것뿐이다.

좋은 측면에서는, 붓다나 쇼펜하우어 모두 체념을 통해 인생까지 포기하진 않았다는 거다. 오히려 세상 모든 존재에 자비와 연민을 지닌, 성인 비슷한 경지에 이를 수 있다고 보았다. 일종의 교환 관계라고 할까.

유태교에 관한 농담은 쇼펜하우어식 염세주의자를 웃음거리로 만드는 내용이 많다.

> 두 여자가 의자에 앉아 있었다. 잠시 뒤 한 여자가 외쳤다. "세상에 맙소사!"
> 뒤이어 다른 여자도 외쳤다. "세상에 맙소사!"
> 그러자 첫 번째 여자가 말했다. "그래, 이제 남편 이야기는 충분히 했어."

쇼펜하우어나 붓다에게 삶은 고통과 권태의 영원한 순환이다. 우리는 원하는 걸 갖지 못하면 좌절하고 고통을 느낀다. 그런데 원하는 걸 가지면? 곧 지루해한다. 게다가 가장 큰 좌절은 대개 마음의 평화가 손에 잡힐 것처럼 보이는 순간에 일어난다.

> 옛날에 한 왕자가 있었다. 그는 잘못한 게 하나도 없는데도 사악한 마술사의 마법에 걸려서 1년에 한 마디만 말할 수 있었다. 다행히 왕자는 그걸 쓰지 않고 저장해둘 수 있어서, 1년 동안 한 마디도 안 하면 그다음 해에는 두 마디를 말할 수 있었다.
> 어느 날 왕자는 아름다운 공주를 만나서 그야말로 미친 듯이 사랑에 빠졌다. 그는 지난 2년간 아껴둔 말을 아낌없이 썼다. "내 사랑."
> 2년이 다 지났을 무렵, 왕자는 이번엔 공주에게 '당신을 정말 사랑하오'라고 말하고 싶었다. 그래서 앞으로 3년을 기다리기로 하고 침묵을 지켰다. 그런데 생각해보니, 왕자는 그녀에게 "나와 평생 함께 살지 않겠소?"라고 청혼도 하자는 생각이 들었다. 그러려면 모두 8년의 시간이 필요했다.
> 결국 8년의 긴 침묵이 끝나자, 왕자는 너무나 신이 났다. 그래서 공주를 왕궁 정원의 가장 아름다운 곳에 데려간 뒤 그 앞에서 무릎을 꿇으며 말했다. "당신을

정말 사랑하오. 나와 평생 함께 살지 않겠소?"

그녀가 말했다. "앗, 잠깐 못 들었어요. 뭐라고 말씀하셨죠?"

분명 쇼펜하우어는 이런 상황에 익숙할 거다.

6~7세기부터 동아시아는 불교의 한 분파를 발전시켰다. 바로 선불교다. 서양의 관점에서 선불교는 일종의 반철학이다. 선불교 고승들에겐 서양철학의 토대를 이루는 이성, 논리, 감각경험 등이 모두 환상이며, 궁극의 깨달음을 방해하는 요소다. 그러면 우리는 어떻게 해야 깨달을 수 있는가?

두 가지 질문을 떠올려보자.

1. 오리와 차이는 뭐지?
2. 한 손으로 치는 박수 소리는?

두 질문 모두 사람들에게 "뭔 소리야?"라는 반응을 받을 거다. 사실 이해도 잘 안 되고, 어떤 대답을 해야 할지도 모른다. 첫 번째 질문은 미국 초등학생들 사이에서 유행한 난센스 퀴즈이고, 두 번째 질문은 고전적인 선불교식 화두다.

화두는 선불교 고승이 즐겨 사용하는 수수께끼로, 제자를 돈오(갑자기 깨달음)로 이끌어준다. 돈오에 이르면 일상적인 모든 구별과 가치 평가가 사라지고, 전 우주에서 일어나는 모든 경험이 하나로 합쳐지는 강렬한 느낌만 남는다고 한다.

선불교 수행자는 한 손으로 치는 박수 소리 수수께끼를 두고 "평평한 두 표면의 움직임에 의해 공기가 떨리는 어쩌구저쩌구" 같은 과학적인 답을 하지 않는다. 선불교 수행자의 대답은 "아!" 하는 깨달음에 가깝다. 화두는 불가능한 이야기로 마음을 혼란스럽게 함으로써 깨달음으로 이끈다. 혼란을 넘어서 뭔가 뻥 뚫리는 느낌이 든다면, 지금 돈오의 상태에 들어간 것이다.

이와 관련해 잘 알려진 화두가 있다.

> 깨달음을 찾기 전, 산은 산이고 물은 물이었다.
> 깨달음을 찾는 동안, 산은 산이 아니고 물은 물이 아니었다.

깨달음에 이른 뒤, 산은 산이고 물은 물이었다.

깨달음이라고 해서 어떤 특별한 능력을 갖는 슈퍼맨이 되는 게 아니란 건 서양에서도 잘 알고 있다. 다만 깨달은 상태라는 게 어떻게 평범하면서도 초월적일 수 있는지 받아들이는 걸 어려워한다. 이런 식의 아이러니가 화두의 핵심 요소다. '도대체 무슨 소리야'라는 생각이 들 수 있는데, 걱정 마시라. 서양인은 대부분 이해 못 한다는 쪽에 걸겠다.

그러면 '오리와 차이는 뭐지?' 수수께끼도 일종의 서양식 화두로 볼 수 있을까. 이 수수께끼에는 중요한 요소가 생략되어 있다. 오리와 비교할 대상이 문장에 빠져 있으니, 화두처럼 비논리적으로 느껴지고 이해가 안 될 수밖에. 다만 이 수수께끼에 대한 반응을 생각하면, 화두와는 확연히 다르다는 걸 알 수 있다. 킥킥댈 수는 있지만, 깨달음을 줄 수는 없다.

아쉽게도 이건 문화의 차이일 수 있다. 서양인은 마음속에 맴도는 포착할 수 없는 뭔가가 곧 깨달음으로 이어진다는 동양적 개념을 이해하기 힘들다. 그래서 이런 식의 불완전한 화두만 만드는 거겠지.

> 네게 아이스크림이 있다면, 그 아이스크림을 주겠다.
> 네게 아이스크림이 없다면, 그 아이스크림을 뺏겠다.
> 이게 서양식 아이스크림 화두다.

훌륭한 화두들은 대대로 잘 전해졌다. 7세기의 육조(선불교 발전에 큰 영향을 끼친 여섯 스승 - 역자 주)의 한 사람인 혜능의 이야기가 잘 알려져 있다. 그는 이렇게 물었다고 한다. "네가 태어나기 전 네 본래 모습은 무엇과 닮았느냐?" 전설적인 NBA 농구팀 시카고 불스와 로스앤젤레스 레이커스의 감독이었던 필 잭슨은 "경기장에서 붓다를 만나면, 그에게 패스하라"고 말해서 '선불교 큰 스승(젠 마스터)'이라는 별명이 붙었다.

얼간이 철학

이 철학은 1960년대 서양에서 엄청나게 유행했다. 하버드대학교의 티모시 리어리 교수(미국의 심리학자로 환각제의 장점을 역설했다 - 역자 주)가 깨달음에 이르는 길은 다름 아닌 마법 버섯을 복용하는 데 있다고 선언한 것과 같은 시기였다.

이른바 '뉴에이지 철학'이라는 별칭이 붙은 이 철학은 고대 동양 철학과 점성술, 타로 카드, 유대 신비주의 같은 서양 중세 신앙을 한데 뭉쳐 놓은 것이다. "나의 모든 부분은, 설령 추한 부분까지도 아름답다"라거나 "모든 인간은 태어날 때부터 놀라운 잠재력을 가지고 있다"와 같은 자기 긍정이나 자기 암시가 뉴에이지 철학을 대표하는 표어다.

뉴에이지 사상의 특징을 잘 보여주는 농담이 있다.

> **질문:** 전구를 바꾸는 데 얼마나 많은 뉴에이지 추종자가 필요할까?
> **정답:** 필요 없다. 그들은 그냥 '어둠 견디기' 모임을 만들 테니까.

뉴에이지 추종자에 관한 새로운 소식이 있다. 아마 외

계인이 지구를 방문할 뿐 아니라 우리를 초대해 만찬을 나누려 한다는 것이다. 이들이 지닌 신념의 한계를 말해주는 이런 풍자도 있다.

> 화성인이 뉴욕 브루클린에 불시착했는데, 그 과정에서 비행접시의 중요 부분이 파손되고 말았다. 화성에서 '트루버'라 불리는 부품이었다. 화성인은 식료품점에 가서 계산대 종업원에게 트루버를 어디에서 구할 수 있는지 물었다. 종업원이 물었다. "그게 어떻게 생겼는데요?"
>
> 화성인이 말했다. "둥글고, 바깥쪽은 딱딱하고, 안은 부드러워요. 가운데에 작은 구멍이 나 있고요."
>
> 잠시 고민하던 종업원이 웃으며 말했다. "베이글 말이죠? 이게 당신이 말한 것과 비슷한가요?"
>
> 화성인이 말했다. "맞아요! 여기서는 이걸 어디에 쓰죠?"
>
> 종업원이 말했다. "음, 믿기 어렵겠지만, 우린 이걸 먹어요."
>
> 화성인이 놀라며 말했다. "거짓말! 트루버를 먹는다

고요?"

종업원이 말했다. "맞아요. 이거 하나 먹어봐요."

화성인은 반신반의했지만, 한입 베어 먹고는 말했다.

"음, 크림치즈만 약간 곁들이면 나쁘지 않겠네요."

외계인이 지구인과 말이 통하고 베이글까지 나눠 먹을 수 있다니. 정말 낭만적인 상상이다.

또한 뉴에이지 추종자는 미래 예지 같은 초심리학적 요소에 열광한다. 여전히 많은 '올드에이지' 또는 합리적으로 생각하는 사람들은 이런 '초과학적'으로 보이는 현상의 배후에는 항상 그럴듯한 과학적 이유나 설명이 있다는 굳은 믿음을 갖고 있다.

"내 할아버지는 자기가 몇 년 몇 월 며칠 몇 시에 죽을지 정확히 알고 계셨어."

"오, 정말 놀라운 능력인걸! 어떻게 아신 거지?"

"재판정에서 판사가 알려줬거든."

오리너구리: 아직 궁금한 게 있어. 만약 제우스가 실제로 없다고 해도, 포세이돈은 여전히 제우스의 동생인 거 맞지?

철학자: 음. 마치 깨달은 불교 신자처럼 말하고 있는데? 아니면, 어디가 좀 모자라거나.

6

아침마다
죽음을 생각하라고?

실존주의로 삶의 불안을 해소하는 법

"실존은 본질에 앞선다."
이 문장에 동의한다면, 당신은 실존주의자다.
동의하지 않는다면? 당신은 여전히 실존하지만,
본질적으로 실존주의자가 아닌 거다.

> 오리너구리: 인정하고 싶지는 않지만, 가끔 너처럼 되고 싶다는 생각을 해.
>
> 철학자: 무슨 소리야. 실존주의적으로 말하면, 넌 완전히 자기 원인적 존재야. 네 모습은 다른 누가 아닌 너 스스로 만들어가는 거라고.
>
> 오리너구리: 뭐래. 난 그냥 너처럼 키가 좀 크고 싶다는 말을 한 것뿐인데.

실존주의를 이해하려면, 먼저 헤겔식 절대주의를 알아야 한다.

헤겔식 절대주의 관점에서 인간 삶에 관한 진정한 이해는 외부에서 내부를 관찰할 때 가능하다. "대부분 훌륭한 코미디는 헤겔식 절대주의와 개인의 실존적 소외 사이의 긴장에서 찾을 수 있다"고 말한 게 코미디언 로드니 데인저필드였나? 아니면 말고. 물론 그가 그렇게 말했다면, 그 맥락은 이런 거겠지.

한 남자가 그의 절친한 친구의 배우자와 바람을 피우

고 있었다. 그때 친구의 차가 주차장에 들어오는 소리
가 들렸다. 남자는 황급히 옷장에 숨었다. 그때 친구
가 집에 들어왔고, 재킷을 걸어두려 옷장 문을 열었다
가 벌거벗은 채 서 있는 남자를 발견했다. 친구가 말
했다. "너 이 자식, 여기 왜 이러고 있는 거야?"
뜨끔한 남자가 어깨를 으쓱하며 말했다. "모든 사람
은 각자 어디엔가 있는 거지 뭐."

이것이 실존적 질문에 대한 헤겔식 대답이다. 친구는
모든 사람 가운데 하필 그 남자가 왜 그런 구체적인 '실
존적 상황'에 있는지 묻는다. 다시 말해, 왜 자기 옷장에
알몸으로 있냐는 것이다. 남자의 대답은 뭐, 일리는 있지
만 엉뚱하다. 뜬구름 잡는 소리랄까. "왜 모든 사람은 아
무 데도 존재하지 않기보다는 어디엔가 존재하는 것인
가?"라는, 철학자 헤겔이나 고민할 법한 관념적 질문에
답하는 격이랄까.

헤겔은 역사란 '절대정신'이 시간 속에서 전개되는 것
이라 주장했다. 예컨대, 한 시대의 정신(예를 들어 1950년
대의 엄격한 순응주의)은 그 반대(1960년대의 자유분방한 히

피 운동)를 만들고, 둘의 충돌은 새로운 종합(비틀스 헤어스타일을 한 월스트리트 금융업 종사자 같은 1970년대의 '유연한 히피')을 낳는 식이다.

이런 정·반·합(이게 새로운 정이 된다)의 변증법이 역사는 물론, 개개인의 일상 곳곳에서 계속 진행된다. 헤겔은 이런 관점을 절대적이라고 불렀다. 이런 변증법 이론에 따르면, 세상만사 모든 일이 아주 귀여워 보인다. 전쟁이 일어났다고? 걱정 마시라. 변증법적인 운동 과정일 뿐이다. 전염병이 퍼져서 사람들이 죽어간다고? 그것도 역사가 움직이는 과정에서 일어나는 작은 일일 뿐이다. 인생이 불안해? 걱정하지 마시라. 어차피 모든 인간은 평생 불안해하다가 죽는다. 그 모든 게 '절대정신'이라는 거대한 흐름에서 보면 별것 아닐지니.

변증법은 개인의 의지와 상관없이 계속 운동한다. 언제까지? 자신의 궁극적인 목적(헤겔은 이것을 '자유'라고 불렀다-역자 주)을 이룰 때까지. 아마도 이런 법칙을 깨달은 헤겔은 마치 자신이 신의 관점에서 역사를 바라보게 됐다며 만족했겠지.

> 베트 미들러의 옛 유행가 〈거리를 두고From a Distance〉의 가사를 떠올려보자. 거기선 마치 미들러가 신처럼 아주 높은 곳에서 이 세계를 바라보며, 전체 숲의 조화와 아름다움을 발견한다. 이런 게 바로 헤겔의 관점이다. 이 노래는 베트의 어깨 너머에서 세상을 바라보는 신을 묘사하며 끝난다. 자, 지금까지 베트 미들러를 헤겔주의자라고 생각했던 사람이 나 말고 있었나? (으쓱)

이제 실존주의 철학의 선구자 키르케고르의 관점을 살펴보자. 그는 거시적 관점에서 낙관적인 헤겔과 달리, 미시적 관점에서 부정적이다. 헤겔에 대해 "절대적 관점에서 모든 게 잘될 거라는 말이 무슨 위로가 되지?"라고 묻는다고 할까.

키르케고르에게 헤겔의 관점은 실존하는 우리 개개인과는 상관 없다. 바로 이 지점에서 실존주의가 태어난다. 키르케고르는 말한다. "나는 신이 아니라 인간이다. 높은 곳에서 바라볼 때 이 세상이 얼마나 평화로운지는 알 바 아니지 않나? 나는 여기 유한한 세상 한가운데 있고, 떨고 있다. 절망의 위험에 빠져 있다. 지금 온 우주가 나를 덮치겠다고 위협하고 있지 않은가!"

그는 《죽음에 이르는 병》에서 이런 절망의 상태를 세 단계로 나눠서 설명한다. 절망한 나머지 자신이 자신을 소유하고 있다는 것도 모르는 상태, 절망해서 자기 자신이길 원하지 않는 상태, 절망했음에도 자기 자신이길 원하는 상태. 그렇게 절망도 모르는 상태에서, 절망을 회피하려는 상태로, 나아가 절망을 직시하고 맞서는 상태로 나아가자는 것이 그의 생각이었다. 그러니까 행여 옷장 안에 숨어 있다가 키르케고르에게 들켜서 "너 여기서 왜 이러고 있는 거야?"라는 질문을 받게 된다면, "모든 사람은 각자 어디엔가 있는 거지 뭐"라고 답하지 말라. 엄청난 잔소리를 듣게 될 테니.

20세기 프랑스 철학자 사르트르는 개인의 절망적인 고립 상태를 고민한 키르케고르의 철학을 계승해서 그 안에 담긴 인간의 자유와 책임의 의미를 드러냈다. 사르트르의 방식은 이렇다. "실존은 본질에 우선한다."

말하자면, '옷을 걸어놓기 위한 물건'이라는 옷걸이의 존재 방식처럼 이미 정해진 본질 같은 게 인간에게는 없다는 뜻이다. 우리는 미결정 상태의 존재고, 다시 말해

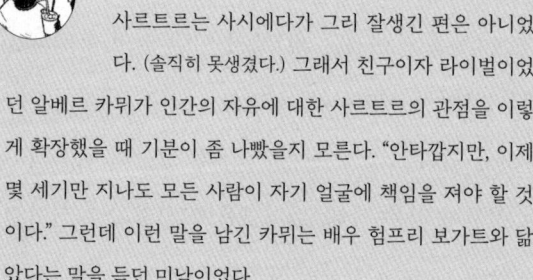

사르트르는 사시에다가 그리 잘생긴 편은 아니었다. (솔직히 못생겼다.) 그래서 친구이자 라이벌이었던 알베르 카뮈가 인간의 자유에 대한 사르트르의 관점을 이렇게 확장했을 때 기분이 좀 나빴을지 모른다. "안타깝지만, 이제 몇 세기만 지나도 모든 사람이 자기 얼굴에 책임을 져야 할 것이다." 그런데 이런 말을 남긴 카뮈는 배우 험프리 보가트와 닮았다는 말을 듣던 미남이었다.

언제나 자유롭게 스스로 삶의 방향을 결정할 수 있다.

'나는 소심해, 그런 거 못 해'라거나 '나는 이래야만 해'라는 식으로 자기 자신을 고정된 정체성으로 생각하는 사람은 '존재하기'를 멈춘 상태에 있는 것이다. 이런 식으로 스스로를 주체가 아닌, 대상으로 바라보는 대표적인 방식이 바로 특정한 사회적 역할이나 위치로만 자기 자신을 규정하는 것이다. 사르트르는 이를 '자기기만 mauvaise foi'이라고 불렀다.

사르트르는 카페 종업원을 바라보면서 종업원이 된다는 것은 종업원이 되기를 '흉내 내는 것'과 같다는 걸 발견했다. 신입 종업원은 선배 종업원을 흉내 내면서 비로

소 종업원이 되는 법을 배운다. 특정한 방식으로 걷고, 특정한 태도를 취하며, 손님과 친밀함과 거리두기를 적절하게 조절한다. 자기가 하는 일이 그저 역할일 뿐이라고 의식한다면 괜찮다. 하지만 종종 자신이 '진정한' 종업원이며, 그게 자신의 본질이라고 믿는 종업원들이 있다. 나쁜 자기기만이다.

농담은 상황을 과장함으로써, 사회의 집단적 가치나 태도를 암암리에 우리 자신과 동일시하는 성향을 농담으로 만든다. 귀류법이라고 부를 만한 철학적 행보다.

다음 귀류법을 사용한 한 농담을 살펴보자.

에이브와 솔이 산책 중이었다. 어떤 교회 앞을 지나는

> 귀류법은 하나의 전제를 말이 안 되는 지점까지 확장해서 그 반대되는 전제가 참이 될 수밖에 없다고 주장하는 논증 유형이다. 최근에 유행하는 귀류법 논증에는 이런 게 있다. "결혼이라는 관념을 동성의 결합을 포함하는 것으로 확장한다면, 사람과 동물 사이의 결혼도 인정 못 할 것은 무엇인가?"

데, 그 건물 앞에 "개종하는 모든 사람에게 1000달러 드림"이라고 쓰여 있었다. 솔은 교회로 들어가 이게 무슨 일인지 알아봐야겠다고 마음먹었다. 에이브는 밖에서 기다렸다. 몇 시간이 지난 뒤, 솔이 나왔다.
에이브가 말했다. "어떻게 됐어?"
솔이 말했다. "나 개종했어."
에이브가 말했다. "오, 정말? 돈뭉치는 좀 챙겼어?"
솔이 고개를 절레절레 저으며 말했다. "왜 다들 그런 식으로만 생각하는 거야?"

한편 우리 모두가 아무런 제한이 없이, 무제한의 가능성을 지니고 있다고 믿는 것도 자기기만이다.

소 두 마리가 초원에 있었다. 그중 한 마리가 다른 소에게 말했다. "광우병에 대해서 어떻게 생각해?"
다른 소가 답했다. "알 바야? 난 헬리콥터인데."

실존주의 철학자들에게 '진정한 불안'('고뇌'라고 발음하면 더 씁쓸한 느낌이 드니까 이렇게 부르자)이란 상담치료를 받아야 하는 병리적 증상이 아니다. 불안은 인간의 실존이라는 조건에 대한 기본적 반응이다. 인간의 필멸성, 자신의 가능성을 깨닫지 못하는 한계, 인생의 무의미함에서 오는 절망 등…. 어쩌면 실존주의자가 되느니, 뉴에이지 철학을 추종하며 머리를 비우고 사는 게 낫겠다고 생각할 수도.

실존주의자들은 실존적 불안과 일상적이고 신경적인 불안을 구별하는 데 집중한다. 실존적 불안은 인간이라는 조건에서 비롯된다. 이를테면 죽음에 대한 불안 같은 것이다. 일상적이고 신경적인 불안은 아래 이야기에서 볼 수 있는 종류의 불안이다.

> 노먼은 숨이 가빠 오자 급하게 의사를 찾았다. "간 질환에 걸린 것 같아요."
> 의사가 말했다. "말도 안 돼요. 간에 질환이 있어도 당신은 절대 알 수 없어요. 어떤 불편도 못 느낄 테니까요."
> 노먼이 답답하다는 듯 답했다. "맞아요! 어떤 불편도 못 느낀다는 게 바로 저의 정확한 전조증상입니다."

20세기 독일 철학자 하이데거는 노면에게 이렇게 답할 것이다. 노면 씨, 지금 그걸 불안이라고 하는 겁니까? 당신은 살아 있지 않군요. 살아 있다는 건 항상 죽음에 대해 생각하는 것이니까요!

하이데거는 인간이 죽음을 향해 가는 존재라고 말한다. 진정한 삶을 살기 위해선 우리가 모두 죽어간다는 사실과 정면으로 마주해야 하고, 죽음의 그림자 속에서도 의미 있는 삶을 살아야 할 책임감을 가져야 한다. 죽음이라는 명백한 운명을 회피하고 모른 체하거나, 개인의 불안과 책임을 벗어나려 해서는 안 된다.

세 친구가 자동차 사고로 죽어서 천국의 문 앞에서 만났다. 천사가 그들에게 물었다. "친구와 친척들이 관 속에 누운 너희 모습을 본다고 상상해보라. 그들이 너희에게 건넨 말 중에 가장 듣기 좋은 말은 무엇인가?" 한 친구가 말했다. "제가 훌륭한 의사이자 가정적인 남자였다고 말해주길 바랍니다."

다음 친구가 말했다. "아이들에게 큰 영향을 준 좋은 선생님이었다고 말해주면 좋겠습니다."

마지막 친구가 말했다. "음, 전 누군가 이렇게 말하는 걸 듣고 싶네요. '봤어? 저 친구 살아 움직여!'"

하이데거에게 죽음의 그림자를 느끼며 살아가는 것은 매우 중요하다. 그냥 용기만 조금 더 내면 되는 문제가 아니라, 오직 그것만이 삶을 진정성 있게 사는 유일한 방법이다. 뭐, 우리가 가는 데는 순서가 없기 때문이다.

한 사람이 점술사를 찾아가 천국은 어떤 곳이냐고 물었다. 점술사는 수정 구슬을 바라보다가 말했다.
"음, 좋은 사실과 나쁜 사실이 있습니다. 좋은 사실은 천국에 골프장이 여러 개 있고 모두 다 정말로 아름답다는 거죠."
"멋진데요! 그럼 나쁜 사실은 뭐죠?"
"당신이 내일 8시 30분에 그 골프장에서 티샷을 칠 예정이라는 겁니다."

여전히 죽음을 부정하는가? 다른 이야기도 살펴보자.

화가: 제 그림은 좀 팔렸나요?

갤러리 주인: 아, 좋은 소식과 나쁜 소식이 있어요. 어떤 사람이 와서 당신에 관해 묻더군요. 죽고 나면 작품 가격이 더 오를 만한지 말예요. 내가 그럴 것 같다고 말했더니, 그가 갤러리에 있는 당신 작품을 전부 사갔어요.

화가: 너무 좋은데요! 그럼 나쁜 소식은 뭐죠?

갤러리 주인: 그가 당신 주치의라는 겁니다.

그런데 가끔 우리는 극도의 고뇌인 죽음을 직시하길 주저하지 않고, 웃어넘기는 대범한 태도를 지닌 사람들 이야기를 듣는다. 에미상을 수상한 코미디언 겸 배우 길다 래드너도 그런 사람이었다. 그녀는 말기 암을 진단받은 뒤에도 청중들 앞에서 죽음에 관한 농담을 던지는 용기 있는 사람이었다.

한 암환자가 담당 의사를 만났습니다. 의사가 말했죠. "삶의 끝에 다다랐다는 걸 말씀드리게 되어 유감입니다. 여덟 시간밖에 남지 않았어요. 얼른 집에 돌아가서서 가장 하고 싶은 일을 하세요."

환자는 집으로 돌아가 그 소식을 남편에게 전했죠.

"우리 밤새 사랑을 나눠요."

남편이 말했습니다. "하고 싶을 때가 있고, 아닐 때가 있잖아. 난 지금 하고 싶지 않아."

다시 환자가 말했죠. "제발, 내 마지막 소원이야."

남편이 말했습니다. "자기야, 지금 그럴 기분 아니라니까."

환자가 마지막으로 간청했죠. "이렇게 빌게, 제발."

그러자 남편이 힘겨운 표정으로 말했습니다. "자기한텐 별로 안 어렵겠지. 내일 아침에 일찍 일어나지 않아도 되니까!"

죽음에 대한 불안을 직시하라는 실존주의 철학의 메시지는 20세기 들어 새로운 산업을 탄생시키기도 했다. 바로 호스피스 운동이다. 세계적 베스트셀러 《인생 수업》의 저자 엘리자베스 퀴블러로스 박사의 생명윤리학에 토대를 둔 이 운동은 죽음을 겸허하게 받아들이는 데 도움을 주었다.

음식점에 들어온 손님이 물었다. "여긴 닭을 어떻게 준비하시나요?"

요리사가 답했다. "뭐, 특별한 건 없어요. 그저 잘 말해줄 뿐이죠. 너흰 곧 죽을 거라고."

> 철학자: 왜 그렇게 웃어? 죽음의 고뇌를 말하고 있는데. 웃을 일이 아니라고.
>
> 오리너구리: 죽는 것보다 더 나쁜 일도 많은데 뭘.
>
> 철학자: 죽는 것보다 더 나쁜 일? 그게 뭔데?
>
> 오리너구리: 피타고라스 옆에서 저녁 먹어봤어? 식사 시간 내내 콩을 하나씩 골라내면서 세는데, 정말이지….

7

철학은 말장난에 불과할까?

언어철학으로 철학을 정리하기

미국 전 대통령 빌 클린턴은
"모니카 르윈스키와 관계가 있습니까?"라는
기자의 질문에 이렇게 대답했다.
"당신이 '있다'는 단어를 어떻게 정의하는지에 따라 다릅니다."
이게 바로 언어철학을 유용하게 쓰는 노하우다.

> 오리너구리: 이제 알겠어. 그러니까 결국 모든 철학은 말장난인 거잖아.
>
> 철학자: 비슷해. 이제 좀 말이 통하겠네.
>
> 오리너구리: 내 말이 맞지? 철학은 그냥 의미론일 뿐이라고!
>
> 철학자: 야, 그럼 다른 걸로는 어떻게 철학할 건데? 툴툴거리고 낄낄거리는 걸로?

일상언어철학

20세기 중반 비트겐슈타인과 옥스퍼드 대학교의 제자들은 고전적인 철학 문제들, 그러니까 자유 의지나 신 존재 같은 주제들이 결국 수수께끼 말장난에 불과하다고 주장했다. 그런 문제들은 진지한 철학적 주제가 아니라, 단지 언어를 혼란스럽게 사용해서 문제가 된 것에 불과하다는 것이다. 그래서 일상언어철학자들은 꼬인 언어의 매듭을 풀고 질문을 재구성해서 수수께끼를 해소할 차선책을 고안해냈다. 다시 말해, 그런 문제를 철학의 영역에서 영원히 추방해버리는 것이다.

일찍이 17세기에 데카르트는 우리 인간이 정신과 육체가 결합된 존재라고 주장했다. 유령 같은 정신적 존재가 기계 속에 들어간 격이라고 할까. 이후 철학자들은 몇 세기 동안이나 '유령'의 실체가 뭔지 계속 논의했다. 그리고 비트겐슈타인의 제자 길버트 라일은 이렇게 결론을 내렸다. "질문 자체가 틀렸다! 그건 사물이 아니며, 아예 존재할 수 없기 때문이다. 우리가 '정신현상'을 이야기하는 방식을 보면, 실제 행동을 축약해 서술할 뿐이라는 걸 알 수 있다. 우리 행동의 근원이라고 추정되는 '자리(즉, 정신이나 마음, 영혼 같은)'를 위한 단어를 쓰지 않아도, 우리가 놓치는 건 없다." 그래, 그렇게 치워버렸다고 생각하면 마음이야 편하긴 하겠지.

그래도 다음 이야기의 젊은 부부는 질문을 재구성해 볼 필요가 있는 것 같다.

> 한 젊은 부부가 새 아파트로 이사 간 뒤 주방 벽지를 새로 바르기로 했다. 같은 집 구조를 지닌 이웃에게 전화해 물었다. "주방 벽지를 새로 하실 때 몇 롤이나 사셨어요?"

이웃이 말했다. "일곱 롤이요."

부부는 비싼 벽지 일곱 롤을 사서 벽에 바르기 시작했다. 그런데 네 번째 롤을 거의 다 썼을 때쯤, 주방 도배가 끝났다. 부부는 짜증이 나서 이웃에게 가서 따졌다. "일곱 롤을 사야 된다면서요. 네 롤이면 되던데요?"

이웃이 답했다. "그죠? 저도 똑같은 현상을 겪었다니까요!"

이런….

> 시인 거트루드 스타인이 임종을 맞을 때, 그의 배우자였던 앨리스 B. 토클라스는 고개를 숙여서 스타인의 귀에 속삭였다. "그래서 답이 뭔데, 거트루드?" 그러자 스타인이 답했다. "질문이 뭐였지?"

비트겐슈타인은 서양 철학이 마주한 모든 오류가 언어의 마법에 걸렸기 때문이라고 생각했다. 단어 때문에 사물의 범주를 잘못 분류한 경우가 많다는 것이다. 우리는 철학적 질문이 담긴 문장의 문법 구조에 속는다. 예를 들어, 하이데거는 《존재와 시간》에서 '무'라는 단어를 실재하는 어떤 기이한 사물을 가리키는 것처럼 썼다. 언어적 혼란을 일으키는 비슷한 다른 사례를 보자.

> "프레디, 나는 네가 100년 하고 세 달 정도 더 살면 좋겠어."
> "고마워, 앨릭스. 그런데 세 달은 왜?"
> "그야 네가 갑자기 죽는 건 바라지 않으니까."

앨릭스가 언어의 마법에 걸렸다고 생각한다면, 다음 이야기도 살펴보자.

> 한 마을에 욕심쟁이 부자가 살았다. 그는 갈 곳 없는 청년들을 집에 들여서 일을 시키며 "먹여주고 재워주겠다"고 약속했는데, 정작 몇 달이 지나도 급료를 주지 않았다. 사람들이 따지면, "내가 지금껏 먹여주고 재워주지 않았나?" 하고 반문했다.

이 소식을 들은 한 청년이 해질 무렵 그를 찾아왔다. 부자는 똑같이 말했고, 청년은 이를 받아들였다. 그리고 저녁시간이 되자, 청년이 부자에게 말했다. "이제 저한테 밥을 떠서 먹여주시죠. 약속하지 않으셨습니까?"

부자는 황당했지만, 시키는 대로 할 수밖에 없었다. 밥 한 입, 반찬 한 입, 번갈아 가며 간신히 밥을 다 먹인 뒤 일어서자, 청년이 의아하다는 듯 말했다. "이제 재워주셔야죠. 자장가라도 좀 불러주시든가요."

부자는 '먹여주고 재워준다'는 표현을 써서 청년들을 공짜로 부려먹었다. 하지만 꾀 많은 청년에게 제대로 걸렸고, 그를 '먹여주고 재워주는' 생고생을 하게 됐다.

일상언어철학자들은 언어에 여러 목적이 있고 맥락에 따라 다르게 사용된다고 말한다. 철학자 존 오스틴은 "나는 약속한다"고 말하는 것은 "나는 색칠한다"고 말하는 것과 완전히 기능이 다르다고 말한다. "나는 색칠한다"고 말하는 것과 실제 색칠하는 행위는 다르지만, "나는 약속한다"고 말하는 것은 그 자체로 약속하는 것이다. 특정한 언어적 틀 안에서 쓰이는 말을 다른 언어적 틀에서 쓰면, 온갖 혼란과 수수께끼들이 생겨난다. 이것을 달리 말하면, 바로 '철학의 역사'라고 할까?

일상언어철학자들은 신 존재에 관한 철학 논쟁도 이와 비슷하다고 말한다. 감정이나 믿음의 영역을 사실의 영역으로 착각해서 발생한 문제라는 거다. 그들은 종교적 언어는 다른 언어와 모든 면에서 완전히 다르다고 말한다. 예컨대 신이 6일간 세상을 창조하고 하루를 쉬었다는 말은, 그가 정말 하루 24시간씩 6일간 일하고 하루를 쉬었다는 뜻이 아니다. 종교적 언어는 영화평론가들이 평론할 때 쓰는 말과 비슷한 가치평가적 언어다. 예를 들어 "나는 신을 믿는다"는 말은 "나는 신에 관한 특정한 가치들에 대해 옳다고 믿는다"는 의미다.

또 어떤 이들은 종교적 언어가 감정을 표현한다고 말한다. 즉, "나는 신을 믿는다"는 말은 "나는 존재와 우주에 관해 깊이 생각할수록 놀랍고 소름이 돋아!"라는 뜻이다. 가치평가적 언어와 감정 언어를 쓰면 오해가 없는데, 괜히 "나는 신을 믿는다"는 말을 써서 혼란이 생겼다는 거다. 짜잔! 이로써 모든 수수께끼가 풀렸다. 2500년

종교철학의 역사도 저리 치우면 되겠지?

골드핑거와 팔로의 이야기를 들어보자. 두 사람은 서로 다른 언어적 맥락에서 이야기를 나누고 있다.

> 골드핑거가 크루즈 여행을 하고 있었다. 첫날밤에 그는 프랑스인 팔로와 한 식탁에서 저녁을 먹게 되었다. 팔로는 골드핑거 쪽으로 잔을 들며 이렇게 말했다. "보나페티!"
> 골드핑거도 잔을 들고 답했다. "골드핑거!"
> 이런 일이 며칠 동안, 식사 때마다 이어졌다. 선실 직원은 민망함을 견딜 수 없었고, 결국 골드핑거에게 말했다. "보나페티는 프랑스어로 '맛있게 드세요'라는 뜻입니다."
> 골드핑거는 당황해서 자신의 실수를 만회할 기회를 노렸다. 다음 식사 시간에 팔로를 보자, 그가 무슨 말을 하기 전에 선수를 쳐야겠다고 생각하고 잔을 들고 말했다. "보나페티!"
> 그러자 팔로가 환한 미소로 답했다. "골드핑거!"

같은 단어가 상황에 따라 다르게 쓰여서 오해를 사는 경우도 있다. 호메로스의 《오디세이아》에 나오는 이야기로, 우리가 의사소통을 한다는 것이 얼마나 어려운지 유쾌하게 보여준다.

> 오디세우스 일행이 배를 타고 고향을 향해 돌아가다가, 어떤 섬에 정박하게 됐다. 그런데 하필 그곳에는 외눈박이 식인 괴물들이 살고 있었다. 오디세우스 일행은 그중 폴리페무스에게 사로잡혀 매일 한 명씩 잡아먹히게 됐다.
>
> 공포에 질린 채 차례를 기다리던 오디세우스는 꾀를 내어 폴리페무스에게 자기 이름을 '우티스(그리스어로 '아무도 아님'이라는 뜻)'라고 말했다. 그리고 기회를 틈타 괴물의 눈을 찌르고 도망쳤다.
>
> 이에 폴리페무스는 소리를 지르며 동료들에게 도움을 요청했다. 동료들이 물었다. "누가 그랬어?"
>
> 이에 폴리페무스가 답했다. "범인은 아무도 아니야! 아무도 아니라고!"
>
> 동료 괴물들은 폴리페무스의 말을 듣고 각자 집으로

돌아갔다.

대부분의 농담은 이처럼 이중적인 의미를 이용해 만들어진다. 다른 맥락에서는 완전히 다른 의미인 단어나 구절을 사용하는 것이다. 웃음은 대개 이런 두 맥락 사이의 긴장에서 탄생한다.

어느 술집에 원숭이를 데리고 다니는 피아노 연주자가 있었다. 그는 한 곡이 끝날 때마다 팁을 받으러 돌아다녔다. 연주자가 피아노를 치면 원숭이는 술집 테이블 사이를 뛰어다니고, 손님에게로 가 술잔 위에 주저앉아 술에 엉덩이를 담그곤 했다.
그런데 한 사람이 짜증을 내며 연주자에게 가서 따졌다. "당신 원숭이가 내 칵테일에 엉덩이를 담갔다는 걸 알고 있어요?"
연주자는 고개를 갸웃하더니 말했다. "아뇨, 처음 듣는데요. 하지만 몇 소절만 흥얼거려주시면, '당신 원숭이가 내 칵테일에 엉덩이를 담갔다'는 노래가 어떤 노래인지 알 수 있을 것 같습니다."

많은 수수께끼가 일반적으로 사용되는 뜻의 단어들을 전혀 다른 맥락에 넣어 함정에 빠뜨리는 수법을 쓴다.

> "다음 중 나머지와 다른 것 하나를 고르시오. 감기, 천연두, 사기꾼."
> "당연히 사기꾼 아냐?"
> "아니지. 천연두야. 이 중에 인류가 없애는 데 성공한 건 천연두뿐이거든."

일상언어철학자들은 이런 걸 단순한 말장난으로 치부하지만, 비트겐슈타인은 언어적 혼란이 치명적인 실수를 일으킬 수 있다고 주장한다.

> 빌링슬리가 병원에서 임종을 맞이하던 친구 햇필드를 찾아갔다. 빌링슬리가 병상 옆에 갔을 때, 햇필드의 상태는 더욱더 나빠지고 있었다. 햇필드는 떨리는 손짓으로 뭔가 쓸 것을 가져다 달라고 했다. 빌링슬리는 그에게 펜을 쥐여주고 그 밑에 종이도 대주었다. 그러자 햇필드는 마지막 남은 힘으로 무언가 적기 시

작했다. 쓰기를 멈춘 뒤 얼마 지나지 않아 숨졌다. 빌링슬리는 너무 슬픈 나머지 쪽지를 읽을 생각조차 하지 못한 채 주머니에 넣었다.

며칠이 지나 빌링슬리는 햇필드의 가족을 장례식장에서 만났다. 그리고 자신에게 햇필드가 남긴 쪽지가 있다는 걸 기억해냈다. 그는 가족들에게 이야기했다. "햇필드가 죽기 직전에 남긴 쪽지가 있어요. 아직 못 읽어봤는데, 그 친구라면 분명 좋은 메시지를 남겼을 겁니다."

이렇게 말하며, 햇필드는 쪽지를 꺼내 읽었다. "당장 내 산소마스크 튜브에서 발 떼!"

언어의 정확한 사용을 중시하는 철학 사조가 하필 다른 나라 사람들도 아니고 영국인들 사이에서 발전하다니! 아이러니한 일이다. 사실 영국이야말로 언어 때문에 갈피를 못 잡는 상황이 많고, 이에 관한 농담도 많기 때문이다.

두 친구가 자전거를 타고 가던 도중, 한 명이 그만 졸

다가 넘어지고 말았다. 한 친구가 말했다. "어쩌다가 넘어졌어?"

넘어진 친구가 대답했다. "바퀴가 두 개였거든."

'너무 피곤하다 too tired'와 '두 개의 바퀴 two tires'를 이용한 아재개그랄까. 이런 실없는 농담을 즐기는 사람들이 우리에게 일상언어철학을 알려준 거라니!

고유명사의 언어적 지위

지난 50년간 철학은 점차 기술적으로 변해갔다. 자유의지나 신 존재 같은 거시적 문제보다는 논리나 언어의 명확성 같은 문제를 세세하게 다루는 데 초점을 맞춘 것이다. 이름을 들진 않겠지만, 몇몇 철학자는 저 깊은 심연에 다다른 것 같기도 하다.

예컨대 최근 어떤 철학자는 고유명사에 어떤 의미가 있는지에 관심을 가진다. 러셀에 따르면, 명사는 실제로 있는 무언가에 관한 묘사를 축약해놓은 기호다. 예를 들어 '도널드 트럼프'라는 명사는 '태닝한 피부에 특이한 금발 헤어스타일을 지닌 백인 대통령'을 줄인 것이다.

'솔 크립키'라는 명사로 알려진 철학자에 따르면 개별 사물들에 관한 명사는 묘사를 통한 규정과 전혀 상관없다. 그들은 '고정지시어'로서, 우리가 흔히 쓰는 '이름표 라벨'과 비슷한 기능을 한다. 명사는 수십, 수백 년에 걸쳐 이어져 내려오는 역사적 과정을 통해 그것이 가리키는 대상(사람 또는 사물)과 연결된다.

> 연예계에 뛰어들면서 마이런 펠드스타인은 이름을 프랭크 윌리엄슨으로 바꿨다. 브로드웨이에서 처음으로 주연을 맡은 뒤, 그는 호텔 꼭대기 층을 빌려 큰 파티를 열었다. 그는 어머니를 초대했지만, 그날 오시지 않았다.
> 다음 날 아침, 그는 호텔 로비에 앉아 있는 어머니를 보았다. 그는 어머니에게 여기서 뭐하시냐고, 왜 어제 파티에 오지 않으셨냐고 물었다.
> 어머니가 말했다. "몇 호인지 잊어버려서 그랬어."
> "제가 몇 호에 묵고 있는지 직원에게 물어보시면 되

잖아요."

"나도 그렇게 생각했지. 그런데 말이다, 네 이름이 기억 안 나지 뭐냐."

프랭크인가 마이런인가, 그의 어머니는 아들의 이름을 역사적으로 인식하는 과정에서 뭔가 오류가 생긴 것 같다.

퀴즈: 다음 이야기에는 러셀과 크립키 중 어떤 사람의 이론이 쓰였을까?

한 잘생긴 청년이 난파를 당해 무인도에 표류했다. 하루는 바닷가에 떠밀려온 사람을 발견했는데, 배우 할리 베리였다! 얼마 안 되어 두 사람은 서로에게 푹 빠졌다. 하루는 청년이 할리에게 말했다. "부탁이 하나 있는데, 들어줄래?"
할리가 답했다. "좋아, 뭐든지 얘기해봐."
"좋아. 먼저 머리를 아주 짧게 자르고, 내가 너를 테드라고 부르는 거야."
"왜? 그건 좀 이상한데."
"제발 한 번만 해보자. 응? 딱 하루만."
"그래, 알았어."

> 그날 밤 두 사람은 손을 잡고 바닷가를 따라 걸었다. 그러다 청년이 할리를 보며 신난 표정으로 말했다. "테드, 내가 지금 누구랑 사귀는지 알면 진짜 깜짝 놀랄걸!"

모호함의 철학

'모호함'은 평범한 것처럼 우리를 속이지만, 사실은 고난도의 언어적 개념이다. 주로 '퍼지 논리학자'라 불리는 이들이 사용하는 용어로, 딱 떨어지고 절대적인 참이나 거짓을 가르기보다는 '참값의 정도를 1부터 10까지 지니는' 특성을 설명하는 데 쓰인다. '저 사람은 탈모다'라는 말을 예로 들어보자. 이 말은 박명수부터 홍석천에 이르기까지 탈모인 것처럼 보이는 어떤 사람들을 가리키는 데 사용된다. 하지만 박명수의 입장에선 이 용어는 좀 모호하다.

어떤 철학자들은 모호함이 거의 모든 자연언어(스웨덴어나 스와힐리어에도)에 들어 있는 결점이라 말하며, 이를 제거해 수학 같은 인공언어를 만드는 데 힘썼다. 한 경비원이 모호한 자연언어와 정확한 수학언어를 뒤섞었던 다음 이야기를 살펴보자.

> 자연사박물관을 찾은 관광객들이 커다란 공룡 뼈 앞에서 놀라고 있었다. 그들 중 한 사람이 경비원에게 물었다. "이 뼈가 얼마나 오래됐는지 아세요?"
> 경비원이 답했다. "300만 년 하고도 4년 6개월이 됐습니다."
> "너무 딱 떨어지는데요. 어떻게 그렇게 정확하게 알고 있죠?"
> 경비원이 별 거 아니라는 듯 답했다. "제가 여기서 일하기 시작했을 때, 공룡뼈가 300만 년 됐다고 들었습니다. 그리고 저는 여기서 4년 반을 일했죠."

철학자이자 심리학자 윌리엄 제임스는 사고방식에는 다양한 범위가 있다고 했다. 예컨대 '부드러운' 것부터 '엄격한' 것까지라고 할까. 상대적으로 더 '부드러운' 철학자들은 모호한 자연언어가 수학보다 나은 점이 있다고 주장한다. 그런 언어가 우리에게 숨 쉴 구멍을 주기 때문이다.

> 84세가 된 단아한 미모의 노인이 요양원 휴게실로 들어왔다. 그녀가 주먹을 쥔 채 말했다. "내 손안에 든 게 뭔지 맞히는 사람하고 저녁을 같이 먹을게요."
> 그러자 뒤에 있던 멋지게 생긴 노인이 손을 들고 외쳤다. "코끼리?"
> 미모의 노인은 잠깐 생각하더니 말했다. "거의 정답이네!"

'엄격한' 철학자들 역시 미모의 노인에게 언어적 활동 공간을 일정 정도 보장하긴 하겠지만, 그보다는 정확성이 중요하다고 말할 것이다. 그래서 이런 이야기보다는 자연언어의 모호함으로 인해 웃지 못할 결과가 초래된 다음 이야기를 더 선호한다.

> 119 상황요원이 사냥꾼이 건 전화를 받았다. 그는 잔뜩 겁에 질린 목소리로 말했다. "방금 숲속에서 피를 뒤집어쓴 뭔가를 지나쳐왔어요. 사람이고, 죽은 것 같

은데, 어떡하면 좋죠?"

상황요원이 침착하게 답했다. "신고자 분, 일단 침착하시고요. 제 말에 따라주세요. 우선 전화기를 내려놓고 정말 그 분이 확실하게 죽었는지 확인해주세요."

잠시 적막이 흘렀고, 이어서 총성이 울렸다. 사냥꾼이 말했다. "됐어요. 이제 확실해졌는데, 어떻게 하면 되죠?"

진짜 있었던 일이다. 콩고에서 이민을 온 가이 고마가 BBC 응접실에 앉아 있었다. 자료분석 일을 맡을 작가 자리가 나서 면접을 기다리고 있던 것이다. 이윽고 PD 한 사람이 와서 물었다. "가이 큐니씨죠?"
콩고에서 와서 영어가 아직 익숙하지 않은 고마가 대답했다.
"맞습니다."
PD가 그를 급하게 잡아끌어 스튜디오로 데려갔다. 그곳에서는 TV 뉴스 프로그램 진행자가 아이폰을 만드는 '애플' 사와 음반 녹음회사 '애플' 사 사이의 상표권 분쟁에 관해 말해줄 전문가와의 인터뷰를 기다리고 있었다. 진행자가 물었다. "이번 판결에 놀라지 않으셨나요?"
순간 혼란에 빠졌지만, 고마는 최선을 다해 답변하기로 했다.
"네. 저도 무척 놀랐습니다."

> 진행자가 말했다. "정말 놀라운 일이죠."
> 고마가 답했다. "맞습니다."
> 진행자는 이 판결로 더 많은 사람이 음악을 온라인으로 듣게 되면 어떨지 물었고, 고마는 미래엔 더욱 더 많은 사람이 음악을 그렇게 들을 것이라고 답했다.
> 진행자가 전문가의 의견에 동의하며 짧고 굵게 말했다. "정말로 감사드립니다."

오리너구리: 이제 우리가 무슨 얘기를 하고 있는지 좀 알겠네.

철학자: 오, 어떻게?

오리너구리: 네가 '철학'이라고 부르는 걸 나는 '농담'이라고 부른다는 거지.

"PLATO AND PLATYPUS"

8

농담은 공리주의를 따를까, PC주의를 따를까?

웃으면서 사회와 정치를 말하는 기술

사회정치철학은 사회정의 문제를 탐구한다.
정부는 왜 필요한가?
재화는 어떻게 분배돼야 하는가?
공정한 사회 구조를 어떻게 만들까?
옛날에는 이런 문제를 강자가 약자의 머리를
내려치는 방식으로 해결했는데,
사회정치철학이 등장한 뒤에는
미사일이 훨씬 효과적이란 걸 알게 됐다.

오리너구리: 답도 없는 철학 얘기를 온종일 하다니. 사실 난 그냥 작은 집 하나에, 밥 세 끼만 먹을 수 있으면 충분한데.

(철학자가 오리너구리를 밀친다.)

오리너구리: 지금 뭐하는 짓이야?

철학자: 내가 이렇게 밀어서 넘어뜨리려고 할 때, 넌 그걸 어떻게 막아야 할까?

오리너구리: 경찰 불러야지.

철학자: 그럼 그들이 어떻게 널 도울지, 왜 그래야만 하는지는 누가 알려줄까?

오리너구리: 또 철학 얘기로 돌아갔군!

자연상태

홉스, 로크, 루소 같은 17~18세기 정치철학자들은 자연상태의 극심한 경쟁에 불안한 이들이 사회와 정부를 만들었다고 말한다. '세상에서 가장 무서운 건 사람'이라는 말처럼, 이들이 두려워한 것은 자연의 맹수들이 아니라 사람이었다. 신호등이 없는 도로에서 일어나는 충돌

사고, 아파트 층간소음으로 인한 갈등, 납치혼이 여기저기 일어나는 '만인에 대한 만인의 투쟁' 상태 말이다. 이런 데 불편함을 느낀 사람들은 국가를 만들었다. 물론 국가가 개인의 자유를 일부 제한하기도 하지만, 국가를 통해 얻는 이득이 더 크기 때문에 감수할 만하다.

> 야생 토끼가 사냥꾼에게 붙잡혀 한 담배회사의 동물실험 연구소로 보내졌다. 토끼가 갇힌 곳에는 연구소에서 나고 자란 토끼가 한 마리 있었는데, 둘은 곧 친해졌다.
> 어느 날 저녁, 야생 토끼가 우리 문이 열려 있다는 걸 알아채고 탈출을 결심했다. 야생 토끼는 연구소 토끼에게 함께 가자고 제안했다. 한 번도 연구소 밖으로 나가본 적 없던 연구소 토끼는 망설였지만, 야생 토끼가 끈질기게 설득해서 함께 탈출하기로 했다.
> 탈출에 성공한 뒤, 야생 토끼가 말했다. "내가 아는 곳 중에 세 번째로 좋은 장소를 알려줄게." 야생 토끼는 양상추가 널린 땅으로 연구소 토끼를 데려갔다.
> 양상추를 맛있게 먹은 뒤 야생 토끼가 말했다. "이번

엔 두 번째로 좋은 데로 가자." 다음으로 간 곳은 당근 밭이었다.

당근도 배불리 먹은 뒤 야생 토끼가 말했다. "가장 좋은 곳이 남아 있어. 이제 거기로 가자." 야생 토끼는 연구소 토끼를 토끼굴로 데려갔다. 그곳에는 예쁘고 멋있는 토끼들이 파티를 열고 있었다.

즐거운 시간이 지나고 새벽이 밝아오자, 연구소 토끼는 이제 자기는 연구소로 돌아가고 싶다고 말했다.

야생 토끼가 물었다. "왜? 양상추가 가득한 곳이랑 당근밭, 그리고 예쁘고 멋진 토끼들이 매일 밤 파티를 여는 토끼굴이 여기 있는데. 왜 연구소로 돌아가겠다는 거야?"

연구소 토끼가 답했다. "어쩔 수 없어. 지금 담배가 당겨서 죽을 것 같거든."

이런 게 바로 조직된 사회가 주는 이익이다!

홉스는 정부 없이 '자연상태'에서 살아가는 인간의 삶을 "외롭고, 가난하고, 더럽고, 거칠고, 짧다"고 표현했다. 사실 홉스가 그리 유쾌한 사람은 아니었지만, 앞선 표현은 조금 재미가 있다. 마치 음식 불평을 늘어놓는 진상 손님 같다고 할까. "이 음식 다 식고, 덜 익고, 냄새까지 역해요. 무엇보다 양이 너무 적잖아요!"

홉스가 인간 본성에 관해 미처 생각하지 못했던 지점은 자연상태에서도 사람들은 사랑을 꽃피운다는 점이다. 특히 요즘 젊은이들이 소셜미디어를 통해 만나는 걸 보면 더더욱 그렇다. 그렇게 어두운 내면을 마구 배설하는 공간에서도 말이다!

힘은 곧 정의다, 마키아벨리즘

16세기 《군주론》의 저자 마키아벨리는 근대적인 통치술과 리더십의 발명자로 유명하다. 르네상스 시기, 그는 군주들에게 도덕을 무시하고 "필요할 때는 악해지라"고 과감하게 조언했다. 그는 국가보다 더 강한 권위는 없다고 말하며, 모든 통치자가 마키아벨리주의자가 되어야 한다고 말했다. 통치자가 정치적으로 살아남을 수 있다면, 그게 어떤 행위든 '군주의 도덕'이라는 것이다.

군주는 사랑받기보다 두려움의 대상이 되는 게 낫지만, 그렇다고 미움을 받아서는 안 된다. 권력이 위태로워질 수 있기 때문이다. 가장 훌륭한 방법은 겉으로는 교묘하게 도덕적인 척하면서, 실제로는 무자비하게 실리를 좇는 것이다. 예를 들면 이렇게.

> 정치인 하딩이 어떤 남자를 모욕죄로 고소했다. 남자가 하딩을 공공장소에서 돼지라고 불렀다는 이유였다. 남자는 유죄가 인정돼 벌금을 물었다. 재판이 끝난 뒤 남자가 판사에게 말했다. "제가 또 그를 돼지라고 부르면 안 되겠죠?"
> 판사가 말했다. "그렇습니다."
> 잠시 고민하던 남자가 말했다. "그러면 돼지를 하딩 씨라고 부르는 건요?"
> 판사가 말했다. "그건 괜찮습니다. 당신 자유예요."
> 남자는 미소를 띠며 하딩에게 말했다. "안녕하세요, 하딩 씨."

수많은 농담에 재미있는 마키아벨리식 속임수가 들어

있다. 들키지 않는다는 확신이 있을 때는 더욱 그렇다.

어떤 남자가 라스베이거스 카지노에서 10만 달러를 땄다. 아무에게도 알리고 싶지 않았기에, 그는 돈을 집 뒷마당에 몰래 묻었다. 그런데 다음 날 아침, 뒷마당에 갔더니 큰 구멍이 파여 있는 게 아닌가. 남자는 놀라서 구멍 근처에 난 발자국을 쫓아갔고, 이웃집 현관문 앞에 멈춰 섰다. 그 집 주인은 청각장애인이었고, 수어를 썼다.

그는 권총을 챙겨서 수어통역 전문가와 함께 이웃을 찾아갔다. 분명 인기척이 있는데도 문을 열지 않자, 그는 권총을 쥔 채 전문가에게 말했다. "내 10만 달러를 돌려주지 않으면 총을 쏠 수도 있다고 전해요."

전문가는 거실 창문 쪽으로 가서 이웃에게 수어로 메시지를 전했다. 그러자 잠시 고민하던 이웃은 자기 집 뒷마당 체리나무 아래에 돈을 숨겼다고 자백했다.

전문가가 남자에게 돌아가서 말했다. "대답하느니 차라리 죽겠다는데."

너무 당연하게도, 마키아벨리는 사형제에 찬성한다. 통치자는 자비롭게 보이는 것보다는 잔혹하게 보이는 게 좋으니까. 아마도 그는 "사형제도가 있으면 '또 너야?'라는 질문을 안 해도 된다"고 말하는 냉소주의자들의 말에 고개를 끄덕일 것이다.

겉보기에, 아니 마음속으로도 얼마나 도덕적인지 여부와 상관없이, 마키아벨리는 인간은 모두 근본적으로는 마키아벨리주의적이라고 생각했다.

> 파커 부인은 배심원으로 참석하라는 법원의 요청을 받았다. 하지만 그녀는 사형제에 찬성하지 않기에 이번 재판에 참석하지 않을 수 있는지를 문의했다. 법원 담당자가 말했다. "파커 부인, 이번 재판은 살인 사건이 아닙니다. 생일 선물로 집 화장실을 리모델링하는 데 2만 5000달러를 쓰겠다고 해놓고, 그 돈을 도박으로 다 날려버린 남편을 고소한 사건이에요."
> 파커 부인이 답했다. "그렇군요, 그럼 참석하겠습니다. 이야기를 듣고 보니, 제가 지금까지 사형제를 오해했다는 생각이 드네요."

여기서 잠깐. 이 농담이 설마 우리에게도 해당되진 않을까? 요즘 몇몇 역사학자는 마키아벨리가 일종의 '반마키아벨리즘'으로 우리를 기만한 거라고 주장하기도 한다. 겉으로는 악한 것처럼 보이려고 꾸미고, 실제로는 구시대의 도덕에 동의했다는 것이다. 정말 그 말처럼 마키아벨리는 당대의 전제군주들을 풍자한 것인가?

퓰리처상 수상 역사학자 개릿 매팅리는 〈군주론: 정치학인가 정치 풍자인가?〉라는 글에서 마키아벨리가 당대 상황을 신랄하게 비판했다고 주장한다. "《군주론》은 통치에 관한 진지한 책이 아니다. 그건 마키아벨리의 삶과 다른 글들, 그가 살았던 시대 상황에 관한 모든 것에 반한다."

다시 말해서, 매팅리는 마키아벨리가 늑대의 탈을 쓴 양이라고 생각한다는 뜻이다.

페미니즘

수십 년간 사람들을 혼란에 빠뜨린 수수께끼가 있다.

어떤 남자가 자기 아들이 심각한 자전거 교통사고를 당하는 것을 목격했다. 그는 아들을 데리고 차에 태운

다음 가까운 응급실로 갔다. 아들이 수술실로 들어서자, 담당 의사가 말했다. "맙소사! 아들, 이게 어떻게 된 일이니?"

도대체 어떻게 된 일일까?

정답: 의사가 아이의 엄마다.

과거와 달리 요즘은 이게 왜 수수께끼 농담인지 고개를 갸웃하는 사람이 많을 것이다. 심지어 안티페미니스트로 유명한 토크쇼 진행자인 러시 림보도 정답을 맞추지 않을까? 영미권 국가를 비롯한 여러 선진국에서는 여성 의학박사의 숫자가 남성 의학박사의 숫자를 빠르게 따라잡고 있다. 20세기 후반부터 페미니즘 철학이 맹활약한 덕분이라고 할까.

BBC가 세계의 위대한 철학자들이 누구인지 시청자 설문조사를 했을 때, 여성 철학자는 상위 20위 안에 단 한 명도 없었다. (카를 마르크스는 있었는데도!) 당연히 여성 연구자들은 단단히 화가 났다. 신플라톤주의 그리스 철학자

> 이자 수학자 히파티아는? 중세 시대의 중요한 작가 힐데가르트 폰 빙엔은? 12세기의 엘로이즈는 왜 없나? 그에게 많은 영향을 받은 아벨라르는 표를 얻었는데? (물론 아벨라르도 20위 안에는 들지 못했지만.) 페미니즘의 선구자라 할 수 있는 17세기의 메리 애스텔은? 시몬 드 보부아르, 한나 아렌트, 아이리스 머독, 에인 랜드는 어디 있지?
> 이런 위대한 철학자들을 모를 정도로 학계가 남성우월주의적인 탓인가? 아니면 오늘날까지도 성별에 대한 편견 때문에 그들의 중요성이 진지하게 받아들여지지 않는 걸까?

페미니즘 철학의 진정한 시작점은 18세기 메리 울스턴크래프트의 기념비적 저작인《여성의 권리 옹호》일 것이다. 이 책은 여성에겐 열등한 교육 시스템을 제공해야 한다고 주장한 루소를 맹비판한다.

페미니즘은 20세기 철학자(이자 사르트르의 연인으로도 유명한) 시몬 드 보부아르의《제2의 성》의 출간으로 실존주의적인 재해석도 이뤄졌다. 그녀는 본질적인 여성성 같은 건 존재하지 않으며, 여성성이란 남성이 씌운 구속복이라고 생각했다. 여성은 사회가 강요하는 모습이 아니라, 여성이 된다는 것이 무엇인지에 관한 개념을 여성 스스로 자유롭게 만들어가는 존재다.

하지만 여성성이란 개념이 그렇게 바꾸기 쉬운가? 우리를 태어나게 해준 생식기관은 정말로 성정체성과 무관한가? 보부아르 이후의 몇몇 페미니스트는 이 질문에 '그렇다, 무관하다'고 대답한다. 그들은 우리가 막 태어났을 때는 성적으로 백지상태라고 주장한다. 우리의 성정체성은 우리가 자라면서 부모와 사회로부터 배우는 것이다. 물론 최근에는 성 역할을 배우는 과정이 그 어느 때보다도 복잡해졌지만.

> 게이 남성 둘이 길모퉁이에 서 있었다. 몸매가 좋은 금발 여성이 짧고 딱 달라붙는 얇은 드레스를 입고 그들 앞을 지나갔다.
> 한 남자가 다른 남자를 보며 이야기했다. "스타일 너무 좋지 않니? 저런 여자를 볼 때마다, 레즈비언이 되고 싶다니깐!"

전통적인 성 역할이란 그저 여성을 열등한 위치에 놓

기 위해 남성들이 발명한 사회적 구조일 뿐일까? 아니면 생물학적으로 결정된 부분이 있을까? 이 의문은 철학자와 심리학자를 가르는 쟁점이 된다. 몇몇 사상가는 생물학적으로 결정된 차이라고 강하게 주장한다. 이를테면, 프로이트는 "신체 구조가 곧 운명"이라고 선언한다. 여성의 몸이 만들어진 방식이 여성의 사회적 역할을 결정한다는 목적론적 주장이다. 물론 여성이 빨래하고 다림질해야 한다고 말할 때, 그가 어떤 신체 구조적 특성을 근거로 삼았는지는 확실하지 않다.

또 다른 생물학적 결정론자 데이브 배리는 이런 예를 들었다. 날아오는 야구공을 잡아서 아웃 카운트를 늘리는 것과 아이가 자전거에 치이는 걸 막는 것 중 선택해야 한다면, 모든 여성이 아이를 지키는 쪽을 택할 것이라고 말이다. 아마 남자들처럼 혹시 만루 상황은 아닌지, 스코어는 어떤지 묻지 않을 거라면서.

남성도 생물학적으로 결정되는 건 아닌지의 문제도 제기됐다. 예를 들어, 신체 구조적 특성으로 인해 남성들이 아내를 고를 때 원시적 잣대를 들이대는 걸까?

한 남자가 결혼정보회사를 통해 세 여자와 만난 뒤에 누구와 결혼할지 선택하게 됐다. 그 남자는 세 여자에게 각각 1만 달러를 주고 그 돈으로 뭘 하는지 보기로 했다.

첫 번째 여자는 외모를 꾸미는 데 돈을 썼다. 헤어숍에서 머리를 하고 네일과 패디큐어를 받았으며, 메이크업 숍에서 화장을 받았다. 새 옷도 몇 벌 샀다. 이 여자는 "당신에게 매력적으로 보이기 위해 이렇게 했어요"라고 말했다.

두 번째 여자는 남자를 위해 골프채 몇 개, 컴퓨터 부품, 고가의 옷 몇 벌 등 선물을 샀다. 이 여자는 "당신이 좋아하는 것들에 돈을 썼어요"라고 말했다.

세 번째 여자는 주식시장에 돈을 투자했다. 이 여자는 두 배의 수익률을 냈고, 남자에게 1만 달러를 돌려준 뒤 남은 돈을 공동명의 계좌에 넣어서 재투자했다. 그녀는 "우리의 미래를 위해 돈을 투자했어요"라고 말했다.

이 남자는 결국 누구를 택했을까?

정답: 가장 예쁜 여자.

 질문: 이 이야기는 반페미니즘적 농담일까? 아니면 남성우월주의자들을 놀리는 농담일까?

남성과 여성의 본질적 차이를 주장하는 다른 농담도 있다. 최초의 인간 아담은 사회 구조의 영향을 전혀 받지 않았기에, 그의 선택은 본질적이었을 거다.

> 신이 에덴동산의 아담과 이브 앞에 나타났다. 신은 두 가지 선물을 가져왔는데, 어떤 걸 가져가겠냐고 말씀하셨다. "첫 번째 선물은 서서 소변을 보는 능력이다."
> 아담이 손을 들고 열렬히 환호하며 말했다. "서서 소변을 본다고요? 와우, 정말 좋은데요. 제가 그거 할래요."
> 신께서 말씀하셨다. "그래, 알았다. 이건 아담 너의 것이다. 이브에겐 남은 것을 주마. 타인의 감정을 이해하고 대화하는 능력이다."

페미니즘의 사회·정치적 성과는 셀 수 없이 많다. 투표권, 성폭행 피해자 보호법, 직장 내 처우와 보상 개선 등. 다만 최근 페미니즘은 남성의 격한 반대(백래시)에 직면하고 있다. 이런 백래시에서 새로운 농담들이 튀어나왔다. 정치적으로 올바르진 않은 농담들이다. '이 이야기가 기존 자유주의 철학에는 위배된다는 걸 알아. 근데 솔직히 재미있지 않아? 그냥 농담이잖아?'라는 식이다. 이런 불경함은 농담을 더 재미있게 만들기도 하지만, 동시에 사회적 반발을 사기도 한다. 이런 식으로 선 넘는 이야기를 하나 살펴보자.

> 대서양을 횡단하던 배가 극심한 비바람을 맞았다. 폭풍은 시간이 지나도 그칠 줄 몰랐고, 상황은 더욱 심각해졌다.
> 유독 한 여자가 신경질적이었다. "난 아직 못 해본 게 많다고! 진짜 여기서 죽는다면, 연애라도 한번 해보고 싶어! 여기 내가 여자라고 느끼게 만들어줄 남자다운 남자 없어요?"
> 잠깐 침묵이 흘렀다. 모든 사람이 위험한 상황도 잊

고, 절망적인 표정을 한 그녀를 바라보았다. 한 남자가 뒤쪽에서 천천히 일어났다. 그는 키가 크고 까무잡잡한 피부에 근육질이었다. 그는 통로를 따라 천천히 걸으면서 셔츠 단추를 하나씩 풀며 말했다. "내가 당신을 여자로 느끼게 만들어주지."
아무도 움직이지 않았다. 남자가 여자 앞에 왔을 땐, 셔츠를 다 벗은 상태였다. 남자의 가슴 근육이 일렁였다. 남자는 손을 뻗어 셔츠를 여자에게 건네며 말했다.
"깔끔하게 다려."

이런 농담에 관한 비난은 다른 새로운 흐름도 낳았다. 오래되고 전형적인 남성우월주의 농담과 비슷하게 시작하다가, 막바지에 여성이 승리하는 반전이 덧붙는다.

남자 카지노 딜러 두 사람이 지루한 표정으로 주사위 놀이 테이블을 지키고 있었다. 그때, 매력적인 금발 여자가 다가와 한 판에 2만 달러를 걸며 말했다. "너무 신경 쓰지 마세요. 저는 옷을 안 입고 있을 때 운이 더 좋더라고요." 그러면서 겉옷을 벗었고, 속옷 차림으로 주사위를 굴리며 외쳤다. "잘 나와라! 이번에 멋진 옷을 사고 싶다고!"

주사위가 멈추자마자, 그녀가 팔짝 뛰며 소리를 질렀다. "와! 땄다!"

그녀는 딜러 두 사람을 한 번씩 껴안았고, 판돈과 옷을 챙긴 뒤 떠나갔다. 딜러들은 서로를 멍하니 바라볼 뿐이었다. 그러다 한 딜러가 물었다. "숫자 뭐 나왔는지 봤어?"

다른 딜러가 말했다. "아니. 난 네가 보고 있는 줄 알았지."

이 이야기의 교훈. 금발이라고 다 바보는 아니지만, 남자는 다 수컷이다.

이런 장르의 농담은 또 있다.

금발 여자가 비행기에서 남자 변호사 옆에 앉게 됐다. 남자는 여자에게 누가 상식이 많은지 내기하자고 말했다. 여자가 귀찮다는 듯 거절하자, 판돈 비율을 10대 1로 하면 어떻겠냐며 제안했다. 질문에 대답하지 못

할 때마다 여자는 남자에게 5달러를 주고, 반대의 경우에는 남자가 여자에게 50달러를 주는 조건이었다. 여자는 수락했고, 먼저 남자가 여자에게 물었다. "지구와 가장 가까운 별 사이의 거리는?"

여자는 답하지 못했고, 5달러를 건넸다.

여자가 물었다. "언덕을 세 발로 올라가서 네 발로 내려오는 것은?"

남자는 골똘히 생각해봤지만 결국 답할 수 없었다. 남자는 씁쓸한 표정으로 50달러를 건넸고, 금발 여자는 무표정하게 지갑에 돈을 넣었다.

변호사가 말했다. "잠깐만요. 근데 그 질문에 대한 답은 뭐죠?"

그러자 여자는 말없이 5달러를 건넸다.

경제철학

다양한 경제이론가를 다룬 로버트 하일브로너의 《세속의 철학자들》의 첫 문장은 이렇다. "이 책은 별난 행동으로 유명해진 몇 사람에 관한 이야기다." 그렇다. 심지어 경제학 분야에서도 활약한 철학자들이 있다.

스코틀랜드 출신 경제철학자 애덤 스미스는 자신의 대작 《국부론》을 아메리카가 독립을 선언한 해인 1776년에 썼다. 이 책은 이후 자유시장 자본주의의 청사진을 제시했다.

스미스가 보기에 자본주의의 강점은 경제적 측면에서 창의성을 불러일으킨다는 점이다. 마치 죽을 위기에 놓인 사람이 위기를 극복하는 데 온 정신을 집중하는 것처럼, 이기심은 강한 집중을 이끈다.

> 한 사람이 은행에 가서 6개월간 200달러를 빌리고 싶다고 말했다. 대출 담당자가 담보를 묻자 그가 말했다. "롤스로이스가 한 대 있습니다. 여기 차 키가 있어요. 돈을 갚을 때까지 보관하시면 될 것 같군요."
> 6개월 뒤, 그는 은행에 돌아와 200달러와 대출이자 10달러를 갚은 뒤 롤스로이스를 돌려받았다. 대출 담당자가 말했다. "고객님, 실례지만 질문 하나만 드려도 될까요. 롤스로이스를 끌고 다니는 분이 왜 겨우

200달러를 빌리셨던 거죠?"

그가 말했다. "사업상 유럽에 6개월간 머물러야 했거든요. 10달러로 롤스로이스를 잘 보관해줄 곳이 여기 말고 또 있겠어요?"

자본주의 이론에서는 시장 규칙이 경제를 다스린다. 예를 들어 효율적인 재고 관리는 사업의 경쟁력을 높여준다.

질문자: 선생님은 엄청난 부를 얻으셨습니다. 어떻게 그 많은 돈을 버셨나요?
부자: 편지 운송용 비둘기를 팔았습니다.
질문자: 전서구를 파셨군요. 몇 마리나 파셨습니까?
부자: 딱 한 마리만 팔았습니다. 그런데 그 녀석이 계속 제게 돌아오더라고요.

자본주의가 발달할수록 경제철학이 바빠졌다. 애덤 스미스나 고전 경제철학자들이 상상하지 못했던 복잡한 일들이 생겨났다. 예를 들어, 건강보험은 가입자가 돈을 낸 뒤에 아무것도 돌려받지 않을 때 가입자에게 가장 이익이 된다. 건강했다는 뜻이니까. 돈육 선물(Futures, 장래 특정 시기에 현물을 넘기는 조건으로 매매 계약을 하는 주식 거래 방법 - 역자 주) 상품을 사는 것은 명절용 돈육 선물 세트를 사는 것과는 완전히 다르다. 이런 발명품 중 하나가 복권인데, 여기에는 고전적인 시장원리를 적용할 수 없다.

루이지애나에 사는 장 폴은 텍사스로 이사 간 뒤 한 노인 농부에게 100달러를 주고 당나귀 한 마리를 샀다. 농부는 그다음 날 당나귀를 배달해주겠다고 약속했다.
다음 날 농부가 차를 끌고 와서 말했다. "미안하네. 나쁜 소식이 있어. 자네가 산 당나귀가 죽어버렸지 뭔가."
"아, 그래요. 그럼 제 돈을 돌려주세요."
"미안하네. 다 써버려서 지금은 돌려줄 돈이 없어."
"알겠습니다. 그럼 당나귀 사체라도 내려주세요."
"음? 이걸로 뭘 하려고?"

"복권을 만들어서 당첨 상품으로 주려고요."

"아니 죽은 당나귀를 상품으로 걸면 누가 사나?"

"뭐, 다 방법이 있습니다. 죽은 당나귀란 것만 말 안하면 돼요."

한 달 뒤 농부가 장 폴을 만나 물었다. "어떻게 됐나?"

"말씀드린 대로, 당나귀 시체를 상품으로 걸고 복권을 팔았죠. 장당 2달러에 500장 팔았으니, 최종 수익은 898달러 났네요."

"누가 뭐라고 안 하던가?"

"당첨된 사람이 죽은 당나귀를 보고 불평하더군요. 그에겐 복권 값을 환불해줬죠."

고전경제학자들은 우리가 '보이지 않는 가치'라고 부르는 것(전업주부가 무보수로 집안일을 하는 것처럼)에도 소홀했다. 이 개념을 설명해주는 이야기를 살펴보자.

유명한 예술품 수집가가 시내를 걷다가 어떤 가게 문 앞에 멈춰 섰다. 거기엔 늙고 병들어 털이 다 빠진 고양이가 작은 접시에 담긴 우유를 할짝이고 있었다. 수

집가가 다시 자세히 보니, 그 접시가 매우 오래되고 비싼 물건일 거라는 생각이 들었다. 그는 무심한 척 가게 안으로 들어가서 고양이를 2달러에 살 수 있겠냐고 물었다.

가게 주인이 답했다. "미안합니다. 저 고양이는 파는 물건이 아닙니다."

수집가가 말했다. "다시 생각해보시죠. 저희 집에 돌아다니는 쥐가 있어서 꼭 필요하거든요. 혹시 20달러 정도면 어떻습니까?"

주인이 답했다. "알겠습니다. 그럼 20달러로 하시죠."

주인이 고양이를 넘겨줄 때, 수집가가 말했다. "혹시 저 작고 낡은 접시도 끼워 주실 수 있나요? 고양이가 계속 쓰던 물건 같아서요."

주인이 고개를 저으며 말했다. "미안합니다. 저한테는 저게 행운의 접시라서요. 저것 덕분에 이번 주에만 고양이를 서른여덟 마리나 팔았거든요."

자본주의의 대명사가 된 애덤 스미스지만, 그는 통제되지 않는 자본주의에서 일어나는 독점 같은 문제들을 예견하기도 했다. 하지만 19세기의 카를 마르크스는 자본주의는 구조적으로 부의 불평등한 분배를 낳는다고 비판하면서 자신만의 경제철학을 만들었다. 마르크스는 혁명의 날이 오면 무산계급이 세운 정부가 모든 빈부격차, 즉 소유에서 신용까지 모든 불공평을 없애버릴 거라고 단언했다.

최근 나는 수입 금지된 담배를 사러 쿠바에 갔다가, 한 코미디 클럽에서 이런 이야기를 들었다.

> **호세:** 세상이 미쳐 돌아가고 있어! 현금 있는 부자들은 신용으로 물건을 사지. 그런데 정작 돈 없는 가난한 사람들한테는 현찰을 내라고 하잖아? 마르크스라면 반대로 돼야 한다고 생각했을 텐데! 가난한 사람들은 신용으로 물건을 살 수 있게 하고, 부자 놈들은 현찰을 내야 한다고 말이야.
> **마누엘:** 그러면 가난한 사람들에게 신용을 받고 물건을 파는 가게 주인이 금방 가난해질 텐데?
> **호세:** 무슨 상관이야! 그럼 걔들도 신용으로 물건을 사면 되는데.

마르크스에 따르면 공산주의 혁명 이후 무산계급이 정권을 쥐면 국가는 자연스럽게 소멸한다. 하지만 억울하게도 마르크스는 급진적인 무정부주의자라는 오명을 쓰고 있다.

"아니, 그래서 대체 자본주의와 공산주의의 차이가 대체 뭔데?"라고 물을 수도 있겠다. 아니면 말고. 어떤 쪽이든 답은 간단하다. 자본주의에선 부자인 지배계층이 가난한 피지배계층을 부려먹는다. 공산주의에서는 그 반대다.

이 어려운 수수께끼를 해결하기 위해, 자본주의와 사회주의 사이에 타협점이 만들어지기도 한다. 보통 사회민주주의라는 말로 알려져 있는데, 대기업의 독점을 막고, 일할 수 없는 사람에게 사회보장 수당을 지급하며, 법적으로 노동자의 단체협상권을 보호해주는 체제다. 물론 어떤 사람들에겐 여전히 사회주의에 대한 두려움을 일으키기도 하지만 말이다.

대기업 국유화를 놓고 영국 의회가 치열한 설전을 벌이고 있었다. 잠시 휴식시간이 되자, 처칠은 소변을 보러 화장실에 들렀다. 자리가 딱 하나 남아 있었는데, 하필 노동당 당수 애틀리의 옆자리였다. 처칠은 그곳에 가지 않고 다른 자리가 나길 기다렸다. 그가 볼일을 보고 손을 씻으려 할 때, 애틀리가 다가와 물었다. "내가 그렇게 싫습니까? 옆자리도 안 오게."
처칠이 답했다. "싫은 건 아니고, 무서워서 그랬소. 당신은 뭐든지 큰 것만 보면 국유화하자고 난리를 치지 않소."

경제 이론은 차이 없는 구별의 오류에 잘 빠진다. 이 오류는 예컨대 폭행범이 "나는 때리지 않았어. 단지 상대방 얼굴이 내 주먹에 닿았을 뿐"이라고 말하는 격이다.

다음 이야기에서 펜우드는 경제적 관점에서 차이 없는 구별 전략을 택한다.

> 펜우드가 소를 한 마리 샀는데 정작 소를 키울 우리가 없었다. 그는 이웃인 포터를 찾아가 그의 우리에서 자기 소를 키워주면 한 달에 20달러씩을 주겠다고 제안했다. 포터는 동의했고, 몇 달이 지났다. 소는 포터의

우리에서 잘 자랐지만 펜우드는 포터에게 한푼도 주지 않았다. 결국 포터가 펜우드를 찾아가 말했다. "요새 많이 힘들다고 들었소. 이렇게 하면 어떻습니까? 당신 소를 열 달 키웠으니 내가 200달러를 받아야 하잖소. 지금 소 시세가 딱 그 정도 같은데. 돈 대신 내가 소를 가지면 어떻겠습니까?"

펜우드가 잠깐 골똘히 생각하더니 답했다. "음. 그럼 한 달만 더 보관해주세요. 그럼 거래를 받아들이죠."

법철학

법철학은 "법의 목적은 무엇인가?" 같은 질문에 대한 답을 연구한다.

이 분야에는 기초 이론 몇 가지가 있다. 아리스토텔레스 윤리학에서 생겨난 '덕윤리 법철학'은 법이 사람들의 도덕성을 함양시켜야 한다는 관점이다. 덕윤리적 법철학자들은 사회 내 모든 집단(예를 들어 노상방뇨를 저지르는 사람들)이 더 높은 도덕적 기준을 갖도록 하는 게 경범죄처벌법(이를테면 노상방뇨 금지법)의 목적이라고 주장할 것이다. (노상방뇨 사건에 배심원으로 참여하는 사람들은 여기에 동의하지 않을지도 모르겠다.)

칸트 같은 의무론자에게 법의 목적은 개인이 마땅히 따라야 할 도덕적 의무들을 명시하는 것이다. 의무론자에게 노상방뇨 금지법은 다른 사람들의 오감을 고려하라는 시민으로서의 의무를 명시한다.

19세기 공리주의자 제러미 벤담은 법의 목적이 '최대 다수의 최대 행복', 즉 가장 많은 사람에게 가장 좋은 결과를 산출하는 것이라고 말했다. 노상방뇨 금지법을 예로 들면, 비록 노상방뇨자들은 처벌을 받고 기분이 나빠지겠지만, 훨씬 더 많은 사람이 쾌적하게 살게 되는 더 좋은 결과로 이어진다는 것이다. 물론 이 법이 통과되면 어떤 마을 사람들은 오랫동안 유지해온 관습을 바꿔야겠지만.

아마 평범한 사람들은 철학자들에게 이렇게 물을지도 모른다. "그 훌륭하신 이론들이 실제로, 이를테면 〈국민참견재판〉 같은 TV 예능에 올라오는 사건에는 어떻게 적용하죠?"

앞서 살펴본 세 이론은 경범죄처벌법뿐 아니라 다른 법적 원칙들을 정당화하는 데도 쓰인다. 예를 들면 범죄를 처벌할 때 형평성을 고려해야 한다는 개념 같은 것들 말이다. 처벌은 덕의 발달이라는 관점에서도(교화), 의무론적 관점에서도(시민적 의무 위반을 제재하는 것), 공리주의적 관점에서도(더 많은 이에게 나쁜 결과를 끼칠 상황을 억제하는 것) 정당화할 수 있다.

보통 사람들은 이렇게 질문할지 모른다. "결과만 같으면, 어떤 근거로 처벌하든 무슨 상관인데요?" 예컨대, 위법 행위(예를 들어 법정 모독을 저지르는 것)와 제재(벌금 20달러)를 어떻게 연관 지을 것인가 하는 문제다.

> 한 사람이 교통 법규 위반에 관한 판결을 받기 위해 하루 종일 법원에서 기다렸다. 오래 기다린 끝에 자기 차례가 왔는데, 판사는 오늘 법원 업무시간이 끝났으니 내일 다시 오라고만 말했다. 그는 너무 짜증이 나서 소리를 질렀다. "뭔 개소리야!"
> 판사가 대꾸했다. "법정모독죄, 벌금 20달러!"
> 그가 지갑을 꺼내자, 판사가 말했다. "여기서 당장 낼

필요는 없어요."

그가 말했다. "아아, 돈 내려고 한 거 아닙니다. 그냥 욕을 두 마디 정도 더 할 수 있을지 세본 거예요."

잘 알려진 다른 법적 원칙으로는 정황증거 불신 원칙이 있다. 앞선 세 이론 모두 이를 지지한다. 덕윤리적 법철학은 법정이 높은 공정성 기준을 가져야 시민에게도 모범이 된다고 주장한다. 의무론자는 정황증거를 채택하는 것이 타인을 엄격한 잣대로 공정하게 대우해야 할 보편 의무를 위배한다고 말한다. 공리주의자는 정황증거를 썼다간 결백한 사람을 감옥에 가두는 억울한 결과를 낳을 수 있다고 말할 것이다.

그러면 좀 더 현실적인 사람들은 질문할 것이다. "정황증거를 신중하게 다루는 철학적 근거에 대해 대체 누가 신경 쓴다고 그래?" 현실적인 측면에서 그 질문에 답해줄 이야기를 하나 살펴보자.

부부가 낚시할 수 있는 숙박업소로 휴가를 갔다. 남편이 낮잠을 자는 동안 아내는 배를 타고 호수 위에서 책을 읽기로 했다. 아내가 햇볕을 쬐고 있는데 동네 보안관이 배를 타고 다가와서 말했다. "여기서 낚시하시면 안 됩니다. 그러면 제가 체포할 거예요."

아내가 말했다. "보안관님, 저는 낚시를 하지 않았어요."

보안관이 말했다. "선생님, 배 위에 낚시에 필요한 장비가 다 있는데 무슨 말씀이세요. 같이 가서 조사를 좀 받으시겠어요?"

아내가 말했다. "더 가까이 오시면 성범죄로 고소할 거예요!"

보안관이 말했다. "당신 몸에 손가락 하나 댄 적이 없는데 무슨 말씀이세요."

아내가 말했다. "그렇죠. 하지만 당신에겐 필요한 장비가 다 있잖아요?"

하지만 어떤 원칙은 무슨 이론을 채택하느냐에 따라 중대한 차이를 만들어내기도 한다.

판사가 서로 맞서고 있는 양측 변호사를 사무실로 불

러서 말했다. "우리가 여기 모인 이유는 당신들 모두 내게 뇌물을 줬기 때문입니다."

양쪽 변호사가 모두 안절부절했다.

"앨런 당신은 1만 5000달러, 필 당신은 1만 달러를 내게 줬지요."

판사는 5000달러짜리 수표를 앨런에게 건네며 말했다. "자, 이제 공평하죠? 지금부턴 판결을 공평하게 진행하겠습니다."

뇌물수수를 금지하는 목적이 단지 모두를 공평하게 대할 의무와 관련됐다면, 우리는 판사의 의견이 공평하다고 생각할지 모른다. 뇌물수수 금지의 목적이 사회적으로 좋은 결과를 산출하는 거라는 공리주의적 관점에서도 양쪽을 모두 공정하게 다룬다는 점만 보장된다면, 역시 마찬가지 결론이 나올 것이다. 하지만 양쪽에서 똑같은 뇌물을 받는 게 판사의 도덕심 함양에 도움을 줄 거라는 주장은 받아들이기 힘들다.

법철학에 관해 이야기하면서 변호사를 소재로 한 농담을 안 했다니! 하지만 우리도 평범한 사람이기에, 딱

한 번은 하지 않을 수 없다.

한 변호사가 의뢰인에게 서류를 보냈다.
"프랭크 선생님, 어제 시내에서 당신을 본 것 같았습니다. 길을 건너가서 인사를 하려고 했는데, 자세히 보니 당신이 아니더군요. 그러니 제가 쓴 시간 6분에 해당하는 상담료를 보내주셔야겠습니다. 50달러입니다."

오리너구리: 이번 얘기를 듣고 영감이 왔어. 경범죄 단속반 뽑는 선거에 나가기로 결심했거든. 네 표, 기대해도 되겠지?
철학자: 물론이지. 아, 근데 그거 비밀투표였지?

"PLATO AND PLATYPUS"

9

외계인에게 농담이 통할까?

상대성을 통해서 세상을 이해하기

무슨 말을 할 수 있을까?
상대성이란 말조차 사람마다 다르게 쓰는데.

> 오리너구리: 친구, 자네는 너무 생각이 많다는 게 문제야.
>
> 철학자: 누구와 비교해서?
>
> 오리너구리: 음, 육체파 아킬레우스와 비교하면 그렇지.
>
> 철학자: 그럼 소크라테스와 비교해보면 어떨까?
>
> 오리너구리: 어휴, 그래. 자네가 이겼어. 근데 소크라테스에 비하면 자네는 바보란 것만 알아두라고.

진리의 상대성

진리는 상대적일까 절대적일까?

고대 중국의 철학자 장자는 나비가 된 꿈에서 깨어난 뒤에 '내가 나비가 된 꿈을 꾼 걸까, 아니면 지금 내가 장자가 된 꿈을 꾸고 있는 나비인 걸까?'라는 고민에 빠졌다고 한다.

근대 서양 철학자들은 지식이 습득하는 사람에 따라 상대적인지 아닌지에 관한 문제에 매달렸다. 특히 영국의 경험론자 버클리는 '물질'마저 우리 정신에 대해 상대적으로 존재한다고 말하는 지경까지 나아갔다.

20세기 하버드대학교의 한 교수는 향정신성 약물로 실험하다 깨달음의 상대성에 대해 깨닫고 놀란다. 바로 윌리엄 제임스 얘기다. 그는 웃음가스를 들이마신 상태에서 만물이 궁극적으로 통일되는 경험을 했는데, 약효가 떨어진 뒤에는 그 통찰을 전혀 기억할 수 없었다. 여기서 끝이 아니다. 그다음 웃음가스를 들이마실 때에는 손에 펜을 쥐고 노트도 앞에 놓았다. 가스를 들이마시자 다시 엄청난 깨달음이 쏟아졌고, 그 내용들을 세세하게 적었다. 몇 시간이 지나자 제정신으로 돌아왔고, 그는 두근거리는 마음으로 자신이 적어둔 위대한 철학적 발견의 내용을 읽었다. "모든 것에서 석유 비슷한 냄새가 난다."

처음엔 크게 실망했지만, 제임스는 곧 철학적 사고로 이 문제에 접근한다. 웃음가스가 영향을 미치는 상태에서 아주 위대하게 느껴진 생각이 사실 별것 아니었던지, 아니면 "모든 것에서 석유 비슷한 냄새가 난다"는 게 실은 탁월한 깨달음인데 맨정신엔 미처 이해하지 못하고 있는지 말이다.

음, 제임스에게선 어딘가 코미디언과 비슷한 냄새가 난다.

시간의 상대성

시간의 상대성에 관한 농담은 아주 많다.

달팽이가 거북이 두 마리에게 두들겨 맞고 돈을 빼앗겼다. 경찰이 와서 무슨 일이 있었는지 묻자, 달팽이가 대답했다. "모르겠어요. 모든 게 너무 빠르게 벌어진 일이라."

이 달팽이는 다른 이야기에도 등장한다.

한 남자가 문을 똑똑 두드리는 소리를 듣고 현관으로 나갔다. 그곳엔 달팽이 한 마리뿐이었다. 그는 달팽이를 집어서 마당으로 던졌다. 2주 뒤에 다시 문에서 똑똑 소리가 났다. 그가 문을 열자, 2주 전에 집어던졌던 달팽이가 다시 와 있었다. 달팽이가 말했다. "대체 왜 집어 던진 거예요?"

유한한 시간과 영원 사이의 상대성은 철학이 자주 다루는 소재다. 당연히 농담의 주요 소재로도 자주 쓰인다.

어떤 남자가 신에게 기도를 드렸다. "신이여, 여쭤볼 게 있습니다."

그러자 신께서 응답하셨다. "그래, 뭐든지 말하거라."

"당신에겐 100만 년도 1초 같다는 게 사실입니까?"

"그렇다."

"그러면 100만 달러는 당신에게 무엇입니까?"

"100만 달러는 동전 한 푼과 같으니라."

남자가 환하게 웃으며 말했다. "아, 그러면 제게 동전 한 푼만 내려주실 수 있습니까?"

그러자 신께서 말씀하셨다. "물론이지. 1초만 기다리거라."

세계관의 상대성

서로 다른 관점의 상대성을 보여주는 농담도 많다.

한 프랑스인이 술집에 들어왔다. 앵무새 한 마리가 정장을 갖춰 입고 그의 어깨에 앉아 있었다. 종업원이 말했다. "정말 귀여워요. 어디서 이런 걸 얻을 수 있나요?"

> 그러자 앵무새가 답했다. "프랑스죠. 거기선 이런 사
> 람을 얼마든지 구할 수 있거든요."

20세기 미국 철학자 윌러드 콰인은 사람들의 세계관이 모국어에 따라 달라진다고 보았다. 다른 관점을 갖기 위해선 모국어라는 틀을 완전히 벗어나야 하는데, 사실상 불가능한 일이다. 생전 처음 접한 언어를 모국어로 정확하게 번역하는 방법은 누구도 알 수 없다. 예를 들어, 우리가 '토끼'라고 말하며 가리키는 대상을 다른 언어 사용자가 '가바가이'라고 말하며 가리킨다고 해서, 둘이 똑같은 의미인지는 알 수 없다. '가바가이'라는 말이 '토끼 각 부분의 결합'을 뜻하는지, 아니면 반려동물로서의 토끼인지 식용 토끼인지, 토끼의 어떤 다른 면을 뜻하는지 확신할 수 없기 때문이다.

> 유태인 두 사람이 코셔 인증을 받은 중식당에서 저녁
> 을 먹었다. 중국인 종업원이 이디시어로 말을 걸어왔
> 고, 두 사람은 음식을 골라 이디시어로 주문을 넣었
> 다. 식사를 마치고 나가면서, 그들은 식당 주인인 유

> 태인에게 말했다. "정말 기쁜데요. 종업원들이 어떻게 이디시어를 할 줄 알죠?"
> 주인이 다급하게 말했다. "쉿! 조용히 해주세요. 저 친구는 지금 자기가 영어를 배우는 줄 알거든요."

이 이야기는 완벽한 번역이 과연 가능한지에 관한 콰인의 입장을 잘 보여준다. 중국인 종업원은 유태인 손님 두 사람과 같은 방식으로 모든 이디시어 단어의 관계를 설정할 수 있다. 쉽게 말해서, 대화를 나눌 수 있다. 그런데 이디시어에 관한 종업원의 모든 지식은 한 가지 중요한 지점에서 잘못됐다. 이디시어를 영어로 착각하고 있는 것이다.

심지어 무엇이 외국어인가에 관한 생각조차도 말하는 사람에 따라 상대적이다. 국제 상거래의 세계에서 벌어질지도 모를, 다음 같은 상황을 떠올려보자.

> 한 다국적 기업이 비서 채용 공고를 냈다. 골든리트리버 한 마리가 지원해서 컴퓨터활용능력 시험까지 통과한 뒤에 면접장에 들어섰다. 인사과 직원이 물었다.

"외국어 할 줄 알아요?"

골든리트리버가 답했다. "야옹!"

가치의 상대성

최근에는 미셸 푸코가 사회 권력에 따른 문화적 가치의 상대성에 관심을 가졌다. 그에 따르면, 우리가 정상이라고 여기는 것들은 사회가 권력을 어떻게 행사하느냐에 따라 결정된다. 누구를 정신질환자로 간주할 것인가? 누가 그것을 결정하는가? 그렇게 지목된 사람들에게, 정신질환자로 지목당한다는 사실은 무슨 뜻인가? 그걸 통제하는 사람들에게는 어떤 의미인가? 그리고 그걸 통제하는 사람들은 대체 누구인가?

이런 질문에 대한 답은 사회에 따라, 누가 권력을 쥐고 있는지에 따라 변화한다. 푸코는 고고학적 기술을 사용해, 인류의 역사를 면밀하게 관찰했다. 어떤 시대에는 성직자들이 이런 기준을 통제하는 집단이었다. 오늘날에는 의사들이 그 역할을 담당한다. 통제 집단의 성격은 정신질환이 어떻게 다뤄질지를 내포한다. 영원하고 절대적이라고 생각했던 기준도 실제로는 상황에 따라 얼마든지 변한다는 것이다.

> **팻**: 마이크, 나 지금 고속도로에서 새 전화기로 전화 중인데 말이야.
> **마이크**: 팻, 조심해. 방금 라디오에서 들었는데, 고속도로에서 반대 방향으로 운전하는 미친 사람이 하나 있대.
> **팻**: 한 명? 아니야. 지금 이 도로에 그런 미친 사람이 얼마나 많은데. 보면 깜짝 놀랄걸!

순수이성의 관점에서, 팻은 라디오 진행자와 비슷한 정도로 옳다. 어디까지나 팻의 관점에서는 자신을 제외한 다른 모든 차가 반대 방향으로 가고 있기 때문이다. 그런데 왜 이 이야기는 단순히 서로 다른 두 관점의 충돌을 다룬 글이 아니라, 우스운 농담거리가 되는가? 푸코의 관점에선, 무엇이 올바른지 궁극적으로 결정하는 것이 국가이기 때문이다.

플라톤 이후 철학자들이 다뤄온 중요한 주제 가운데 하나가 일시적 가치와 영원한 가치의 상대성이다.

> 한 부자가 죽음을 앞두고 있었다. 그는 평생 돈을 벌려고 열심히 일했기 때문에 매우 슬펐다. 죽어서도 자기 돈을 모두 가져가고 싶었다. 그래서 그는 자신이 번 돈 중에 일부라도 가져갈 수 있기를 간절히 기도하기 시작했다. 그러자 천사가 그 간절한 기도를 듣고 나타났다. "미안하구나. 돈은 가지고 갈 수는 없다."
> 부자는 천사에게 간절하게 부탁했다. "신께서는 그 규칙을 좀 바꿔주실 순 없나요? 한번 말씀드려주세요."
> 그러자 천사는 사라졌다가 다시 나타났다. 그리고 신께서 예외를 허용하셔서 여행용 가방 하나만큼만 갖고 올 수 있도록 허락하셨다고 전했다. 부자는 너무나 기뻐하면서, 자신이 가진 가장 큰 여행용 가방에 순금 덩어리를 가득 채워서 침대 바로 옆에 놓았다.
> 잠시 후 그는 죽어서 천국의 문 앞에 섰다. 성 베드로가 여행용 가방을 보더니 외쳤다. "잠깐! 그건 갖고

들어갈 수 없다."

부자는 허락을 받았다고 말하며 신에게 확인해보라고 말했다. 성 베드로가 잠깐 자리를 비웠다가 돌아와서 말했다. "네 말이 맞구나. 여행용 가방 하나를 가지고 오는 건 허용됐다. 하지만 그 전에 안에 뭐가 들었는지 확인해야겠다."

성 베드로는 부자의 여행용 가방을 열었고, 몹시 놀라며 말했다. "아니, 겨우 도로 포장할 때나 쓰는 걸 갖고 오려고 이 난리를 친 거야?"

절대적 상대성

숱한 철학자들이 상대적 관점을 절대적인 것처럼 간주하는 오류를 저질렀다. 영국 철학자 존 로크의 아이디어를 차용한 토머스 제퍼슨은 생명에 대한 권리, 자유, 행복의 추구 같은 개념이 "자명하다"고 봤다. 제퍼슨은 이들이 보편적이고 절대적이라고 생각한 것이다.

하지만 다른 문화권에서 온 사람에게는 그런 개념들

이 제퍼슨이 생각하는 것만큼 중요하지 않을 수 있다. 예를 들어, 어떤 외계인에겐 개인적 행복을 추구한다거나 예술 활동이 가치 있다는 개념이 보편적인 게 아닐 수 있기 때문이다.

정반대의 오류도 일어날 수 있다. 절대적인 것을 상대적인 것으로 착각하는 상황이다.

> 전함 위의 초병이 우현 앞쪽에 빛이 반짝이는 걸 보았다. 선장은 "즉시 당신 배를 20도 선회하라!"라는 신호를 보내라고 초병에게 말했다.
>
> 답이 돌아왔다. "즉시 너희 배를 20도 선회하라!"
>
> 선장은 화가 나서 직접 신호를 보냈다. "선장이다. 이대로면 우리는 충돌한다. 당장 20도 선회하라!"
>
> 답이 돌아왔다. "나는 이등항해사인데, 너희 배를 20도 선회할 것을 강력하게 경고한다."
>
> 선장은 분노에 휩싸여 신호를 보냈다. "우리는 전함이다. 얼른 비켜라."
>
> 답이 돌아왔다. "우리는 등대다."

다음에 중국집에서 짜장면, 짬뽕, 탕수육을 시킬 때까지 오늘 배운 상대성 개념을 잊지 말자. 아, 사실 중국에선 그게 다 한국 요리라고 한다지만 말이다.

> 오리너구리: 가만 보니까 너는 절대적 진리는 없고, 모든 진리는 상대적이라고 생각하는 것 같네?
> 철학자: 맞아. 정확해.
> 오리너구리: 정말이야? 그걸 어떻게 확신하지?
> 철학자: 당연하지. 그건 절대적으로 옳은 입장이거든.

10

농담만으로 철학을 배울 수 있을까?

철학은 무엇인가에 관하여

'철학에 관한 철학'이다.

철학에 관한 철학에 관한 철학과 헷갈리지 말자.

> 오리너구리: 이제야 좀 뭔가 깨달은 것 같아.
>
> 철학자: 뭘 깨달았는데?
>
> 오리너구리: 물론 철학에 관해서지!
>
> 철학자: 엥? 이게 철학이라고?

'메타meta'라는 접두어는 '너머, 그 아래 모든 것을 다 포괄하는'이라는 뜻이다. 철학을 공부하다 보면 어디서든 등장하는 걸 알 수 있다. 예를 들어, 언어에 관해 설명하는 언어는 '메타언어'다. '메타윤리학'은 윤리 원칙이 무엇에 토대를 두는지, 그 원칙이 어떤 의미인지 연구한다. 이게 '메타철학'이 등장하기 전까지 '메타'라는 말이 쓰인 방식이었다.

메타철학은 '철학이란 무엇인가?'라는 뜨거운 주제와 씨름한다. 사람들은 이 질문의 답을 철학자라면 다 알고 있다고 생각할지 모르겠다. 놀랍게도 그들에겐 공통의 정답이 없다. 언뜻 이해가 안 될 수 있다. '미용이란 무엇인가?'를 고민하는 미용사를 들어본 적 있는가? 미용사가 미용이 뭔지 모르면, 어떻게 믿고 머리를 맡기겠는가.

그럼에도 현대 철학자들은 계속해서 철학을 다시 정의하려고 했다. 루돌프 카르나프와 논리실증주의자들은 형이상학은 공허하다고 선언하며, 과거 철학에 속했던 논의들을 대부분 배제하려고 했다. 그들에게 철학의 역할이란 과학적 문장들을 분석하는 것이다.

카르나프와 동시대 철학자이자 일상언어철학의 대부 비트겐슈타인은 여기서 한 걸음 더 나아갔다. 그는 자신의 책이 철학의 역사를 끝장냈다고 생각했다. 거기에 자기 책을 포함해서 모든 철학적 명제가 공허하다고 선포한 것이다.

비트겐슈타인 버전1은 철학자로서 은퇴까지 선언하고 초등학교 교사가 된다. 하지만 몇 년 뒤, 그는 죽었던 철학을 다시 살려낸다. 철학이 모든 것을 '치료'한다는 새로운 의미를 찾았기 때문이다. 그는 버전2로 다시 철학계에 복귀하면서, 언어를 뒤죽박죽 혼란스럽게 쓰는 걸 바로잡으면 무의미한 철학적 질문으로 생기는 우울증을 치료할 수 있다고 주장했다. (그리고 훗날 그는 이런 말을 남긴다. "훌륭한 철학 작품은 농담만으로 쓰일 수 있다." 물론 그의 책을 펼치면 웃음기가 싹 가시지만.)

오늘날 '양상논리학자들'(참일 수 있는 문장들과 반드시 참인 문장들 사이의 차이를 구별하려는 논리학자들)은 자신들이 연구하는 문장이 어떤 범주에 속하는지 고민한다. 다음 이야기를 살펴보자.

> 시머스가 소개팅 첫 만남을 앞두고 있었다. 그는 인기 많은 동생에게 조언을 구했다. "어떻게 이야기를 시작하면 좋을지 팁 좀 알려줘."
> 동생이 말했다. "비밀인데, 여자한텐 세 가지 주제가 먹혀. 음식, 가족, 철학. 어떤 음식을 좋아하는지 물어보는 건, '당신에게 관심이 있어요'라고 말하는 셈이지. 가족에 관해 물어보는 건, '당신을 진지하게 생각하고 있어요'라고 말하는 거고. 마지막으로 철학적 주제는, '당신의 지성을 존중해요'라는 표현인 거야.
> "정말 고맙다. 음식, 가족, 철학. 세 개 명심할게!"
> 시머스는 소개팅에 나온 여성을 만나자마자 불쑥 말을 꺼냈다. "양배추 좋아하세요?"
> 상대가 대답했다. "아, 아뇨."
> 시머스가 또 물었다. "그럼 오빠나 동생이 있나요?"

"아뇨."

그러자 시머스가 당황하면서 말했다. "그…그럼, 혹시 오빠나 동생이 있었다면 양배추를 좋아했을까요?"

> 현대 철학자 윌리엄 밸리셀라는 이렇게 말했다. "메타철학은 철학에 관한 철학이다. 그 자체로 철학의 한 분야로, 과학철학이 과학의 한 분야가 아닌 것이나, 종교철학이 종교의 한 분야가 아닌 것과는 다르다."
> 밸리셀라는 꽤 유머감각이 있어서, 의외로 파티 모임에서 인기가 많았다고 한다.

이런 게 바로 철학이다.

자, 이제 책 전체를 관통하는 주제를 다시 언급할 때가 됐다. 메타철학이 있다면, 당연히 메타농담도 있다.

한 젊은 외판원이 다른 지역으로 가던 도중 차가 고장 났다. 그는 몇 킬로미터를 걸어 근처 농장에 갔고, 건

장한 중년 농부에게 하룻밤 자고 갈 곳이 있는지 물었다. 농부가 외판원의 뺨을 쓰다듬으며 말했다. "물론이네. 내 아내는 몇 년 전에 죽었고, 아이들은 둘 다 타지에 가서 살거든. 난 오랫동안 혼자였으니, 자네가 묵을 방은 아주 많아."

이 말을 듣더니 외판원은 뒤돌아서서 다시 고속도로를 걸어 돌아가려 했다. 농부가 외판원을 보며 외쳤다. "내 말 이해 못 했나? 방 많다니까."

외판원이 말했다. "이해했어요. 근데 왠지 제가 나쁜 농담의 주인공이 될 것 같아서요."

물론, 최초의 메타농담은 이런 것이다.

시각장애인, 레즈비언, 개구리가 바에 들어왔다. 바텐더가 그들을 보더니 말했다. "애들 뭐야? 여긴 스탠딩 코미디를 하는 곳이 아니라고."

마지막으로 정치적으로 올바르지 않은 메타농담을 하나 소개하겠다. 메타철학을 하려면 일반적으로 철학이 무엇인지 어느 정도 알고 있어야 하듯, 메타농담은 일반적으로 농담이 무엇인지 알고 있어야 한다. 이번 메타농담의 경우에는 폴란드 사람이 그 대상이다. (과거 서유럽에 폴란드인이 많이 이주해서 하층 노동자로 일했다. 그래서 그들의 어눌한 발음 등을 놀리는 농담이 많다 – 역자 주)

> 어떤 사람이 인기 많은 바에 들어가 엄청난 폴란드 농담을 들려주겠다고 말했다. 그가 이야기를 시작하려 하자, 바텐더가 말했다. "그만하시죠. 나도 폴란드 사람이니까."
> 그러자 남자가 말했다. "알았어요, 알았어. 처어언천히, 진짜 처어어언천히 말할게요. 됐죠?"

> 오리너구리: 지금까지 내내 철학에 관해 이야기했는데, 여전히 철학이 뭔지 모르겠어. 이거 괜찮은 거야?
> 철학자: 그런 당연한 질문을 왜 하니?

나가며

이 책에서 배운 모든 것에 관한 복습시간

철학자가 아크로폴리스 스탠딩코미디 클럽에서 마이크를 잡았다.

철학자: 여러분, 혹시 자기 아내한테 '당신은 감각자료의 총합일 뿐이야'라고 말한 영국 경험론 철학자에 대해 들어보셨나요?

그의 아내는 이렇게 답했다고 하죠. "아, 그래요? 그럼 '사물 자체'가 있는지 없는지 모를 남자와 매일 밤 함께 자는 사람 기분은 어떨 것 같은데요?"

농담 아닙니다. 저도 아내가 있긴 하지만, 본질은 없다는 걸 깨닫는 데 10년이나 걸렸거든요. 그러니까, 매일 잔소리하는 아내의 존재는 그저 감각된 것에 불과하단 거죠.

와우, 여기 분위기 왜 이렇죠? 여러분이 너무 조용해서, 저기 멀리 아무도 없는 숲에서 나무 쓰러지는 소리까지 다 들릴 것 같네요. 괜찮습니다. 다들 그럴 때가 있죠. 쇼펜하우어도 인생이 우울하게 느껴지는 밤이 있을 거라고 했잖아요?

요즘 애들은 또 어떤가요. 얼마 전 제 아들이 저한테 자동차 열쇠를 달라고 하더군요. 그래서 제가 말했죠. "아들아, 가능한 세계 중에 최선인 곳에선 네가 차를 갖고 있을 텐데!"

그러니까 아들이 말하더라고요. "그러면 아빠는 가능한 세계 중에 최선인 아빠가 아니겠네요?"

그래서 제가 말했습니다. "야, 가서 네 엄마랑 살아!"

어쨌든, 오늘밤 여기 오는 길에 재미있는 일을 겪었습니다. 아, 글쎄 제가 같은 강에 발을 두 번이나 담근 거 있죠!

음. 마지막으로, 철학자와 오리너구리가 바에 들어갔대요. 안에 있던 사람들 모두 신기하다는 듯 쳐다보다가,

마침내 궁금증을 못 참은 바텐더가 철학자에게 다가가서 물었죠. "저 실례지만, 함께 온 분은 오리인가요, 너구리인가요?" "오리너구리입니다." 철학자는 씁쓸한 표정으로 말했죠. "분명히 동굴 안에서는 어느 쪽이든 완벽했는데 말이죠."

오리너구리: (객석에서) 우, 우, 내려와라!

서양철학사의 위대한 순간들

기원전 530년
보리수 아래에서 83일째 되던 날,
고타마가 "똑똑, 누구세요"
농담을 듣고 조용히 미소를 짓다.

붓다(고타마 싯다르타, 기원전 563~기원전 483년)

엘레아의 제논(기원전 490~기원전 425년)

소크라테스(기원전 469~기원전 399년)

기원전 381년 플라톤이 동굴 벽에 비친 그림자를
보고 겨울이 끝나려면 6주 더 남았다고 해석하다

기원전 399년 소크라테스가 독당근으로 만든 즙을
탄산수에 넣어 마시다.

플라톤(기원전 427~기원전 347년)
아리스토텔레스(기원전 384~기원전 322년)

기원전 6세기	기원전 5세기	기원전 4세기	...	4세기

399년 《알렉산드리아 코브라》가
여성 철학자 히파티아의 신플라톤주의를
'여성향 소설'이라며 평가절하하다.

성 아우구스티누스(354~430년)
히파티아(370~415년)

기원전 4세기 말 키티온의 제논이 풍랑으로
전 재산을 잃고 마음의 평안을 찾기 위해
스토아철학을 만들다.

아리스토텔레스의 제자 알렉산더가 헬레니즘
문화를 퍼뜨리다.

1328년
오컴이 '질레트 마하3'급으로 잘 드는 면도기를 발명하다.

윌리엄 오컴(1285~1347년)

1504년
한 장난꾸러기가 마키아벨리의 마차 뒤에
"아무에게나 친절하게 굴지 말라"고 써붙이다.

니콜로 마키아벨리(1469~1527년)

| 14세기 | 16세기 | 17세기 |

1650년
데카르트가 생각하는 걸 잠깐 멈추는 바람에 죽다.

1652년
파스칼이 롱샹 경마장에 가서 '하느님'이라는
이름의 말에 돈을 왕창 걸었다가 전부 잃다.

토머스 홉스(1588~1679년)
르네 데카르트(1596~1650년)
블레즈 파스칼(1623~1662년)
바뤼흐 스피노자(1632~1677년)
존 로크(1632~1704년)
고트프리트 빌헬름 폰 라이프니츠(1646~1716년)

1818년 코미디언 마르크스 형제들(치코, 그루초, 거모, 하포, 제포), 아기 카를 마르크스의 탄생을 환영하다.

1844년 '우울한 덴마크인'이란 별명에 지친 키르케고르가 국적을 바꾸려 하다.

1900년 '신은 죽었다'고 선언한 니체가 죽다.

제러미 벤담(1748~1832년)
게오르크 빌헬름 프리드리히 헤겔(1770~1831년)
아르투어 쇼펜하우어(1788~1860년)
존 스튜어트 밀(1806~1873년)
쇠렌 키르케고르(1813~1855년)
카를 마르크스(1818~1883년)
윌리엄 제임스(1842~1910년)
프리드리히 니체(1844~1900년)
에드문트 후설(1859~1938년)

18세기	19세기

1731년 버클리 주교가 감각이 차단된 밀폐공간에서 30일을 보낸 뒤에도 생각을 바꾸지 않다.

1754년 칸트가 '물자체'와 만나다. 그리고 이렇게 말하다. "말로 할 수가 없네."

1792년 《맨체스터 가디언》이 여성철학자 울스턴크래프트의 《여성의 권리 옹호》를 '여성향 소설'이라 평가절하하다.

조지 버클리(1685~1753년)
데이비드 흄(1711~1776년)
장자크 루소(1712~1778년)
애덤 스미스(1723~1790년)
이마누엘 칸트(1724~1804년)
메리 울스턴크래프트(1759~1797년)

1954년 사르트르가 철학 연구를 위해 웨이터로 취업하다.

1958년 《르 몽드》가 보부아르의 《제2의 성》을 '여성향 소설'이라고 평가절하하다.

1996년 부업으로 WWE 프로레슬러를 하던 크립키가 자신의 이름을 '고정지시어'로 바꾸다.

앨프리드 노스 화이트헤드(1861~1947년)
버트런드 러셀(1872~1970년)
루트비히 비트겐슈타인(1889~1951년)
마르틴 하이데거(1889~1976년)
루돌프 카르나프(1891~1970년)
길버트 라일(1900~1976년)
칼 포퍼(1902~1994년)
장폴 사르트르(1905~1980년)
시몬 드 보부아르(1908~1986년)
윌러드 밴 오먼 콰인(1908~2000년)
존 오스틴(1911~1960년)
알베르 카뮈(1913~1960년)
미셸 푸코(1926~1984년)
솔 크립키(1940~2022년)
피터 싱어(1946~년)

20세기

용어 해설

감정주의: 도덕적 판단은 참·거짓이 아니라, 그저 어떤 행동이나 그 행동을 하는 사람에 관한 감정적 표현이라는 윤리적 입장. 예컨대, 누군가 "오리너구리는 유해한 동물이야"라고 말하는 것은, 사실 "나는 오리너구리가 별로 마음에 안 들어. 그냥 내 기분이 그래"라는 뜻일 뿐이다.

경험론: 개인의 경험, 특히 감각경험이 지식을 얻는 기초적인(혹은 유일한) 경로라고 주장하는 관점. "유니콘이 있다는 걸 어떻게 아나요?" "글쎄, 정원에 있는 걸 봤다니까요!" 이런 걸 극단적 경험론이라고 한다. (⇔합리론)

공리주의: 최대 다수에게 최대 행복을 주는 것이 옳다는 윤리적

입장. 이 철학의 쓸모는 당신의 친정 부모와 시부모(또는 장인 장모)를 동시에 만족시키려 할 때, 그 한계가 분명하게 드러난다.

귀납논리: 구체적 사례들에서 일반적 결론을 이끌어내는 추론. 개별 사례들에서 논리적으로 이끌어낼 수 있는 것보다 더 넓은 결론을 내는 것이 특징이다. 예를 들어, 오늘 어제 그제를 포함해 우리가 아는 모든 날에 해가 뜨는 것을 본 우리는, 해가 언제나 떠왔고 앞으로도 매일 아침 뜰 거라는 결론을 내린다. 물론 이 예시가 북극에선 통하지 않는다. (⇔연역논리)

돈오: 선불교에서 갑자기 자기 자신과 세계의 본성을 깨닫는 순간. 에프엑스의 노래를 인용할 수 있겠다. "여기는 어디 열심히 딩동딩동 도대체 난 누구? 머릿속이 빙그르르르르."

무모순율: A이면서 동시에 A가 아닌 상황이 성립될 수 없다는 아리스토텔레스의 논리학 원칙. "네 바지에 불이 붙었어. 그런데 네 바지에 불이 붙지 않았어"라고 말하면 안 된다는 것이다. (물론 이런 상황에서 파스칼은 불이 붙었든 안 붙었든 일단 바지에 물을 뿌리는 게 좋다고 주장할 것이다.)

무한퇴행논증: 비슷한 설명을 무한히 계속하는 논증. 예를 들어 '창조주' 개념으로 이 세계의 존재를 설명하는 방식은 '그럼 그

창조주는 누가 만들었는데?'라는 의문을 불러일으킨다. 이 과정이 무한히 계속되다가, 싫증이 난 이들이 탁월한 아이디어를 냈다. 모든 원인의 원인이 되면서, 그 자신에게는 원인이 없는 궁극의 원인(제1원인)을 탄생시킨 것이다.

물자체: 사물의 감각적 표상이 아닌 사물 그 자체. 대상은 감각자료의 총합(어떻게 보이고 들리는지, 냄새나 맛은 어떤지, 만지면 어떤 느낌이 드는지) 이상의 무엇이며, 그런 감각자료와 분리된 본질이 있다는 사고방식. 몇몇 철학자는 이 개념을 유니콘이나 산타클로스와 한데 묶는다.

본질주의: 대상이 본질 또는 본질적 성질들을 가지고 있으며, 그것들이 비본질적인 또는 우연한 성질과 구별된다고 보는 관점. 예를 들어, 결혼한 이의 본질적 특성은 배우자가 있다는 것이다(두 사람의 생물학적 성별이 같거나 다를 수 있다). 하지만 결혼반지를 끼고 있는 것은 결혼한 사람이 지니는 우연한 성질일 뿐이다. 결혼한 사람은 결혼반지를 끼고 있지 않아도 결혼한 사람이니까. 물론 그러고 다니면 배우자가 싫어하겠지만.

분석명제: 정의에 따라 참이 되는 명제. 예를 들어 "모든 오리는 새다"는 분석명제다. 오리라는 단어에는 오리가 새의 한 종류라는 뜻이 있기 때문이다. 반대로 "모든 새는 오리다"는 분석명제

가 아니다. 새의 정의에 오리라는 세부적인 설정까지 들어 있진 않기 때문이다. 그러니까 "모든 오리는 새다"는 "모든 새는 새다" 만큼이나 분석적이다. 철학이 조류학 같은 다른 학문 분야에도 쓸모가 있다니, 가슴이 웅장해진다! (⇔종합명제)

선험적: '경험에 앞선'다는 뜻. 사람들은 〈쇼미더머니〉 참가자는 래퍼라는 사실을 〈쇼미더머니〉를 보기 전부터 이미 알고 있다. 〈쇼미더머니〉는 자신이 래퍼라고 믿는 사람들이 참여하는 대회이기 때문이다. (⇔후험적)

선후관계와 인과관계를 헷갈리는 오류: 말 그대로 A 뒤에 B가 일어났으니, A 때문에 B가 일어났을 것이라고 착각하는 논리적 오류. 스티븐 레빗의 《괴짜경제학》에는 육아를 할 때 이런 오류가 빈번하게 벌어진다고 지적한다. 어떤 부모가 이렇게 말했다. "배 속에 있을 때 모차르트를 들려줘서 내 아이가 이렇게 똑똑한 거야." 당연히 두 사건 사이에 연관이 없다.

실용주의: 이론과 현실의 연결을 강조하는 철학 학파. 예를 들어, 윌리엄 제임스에 따르면 참인 이론은 쓸모 있는 것은 물론, 한 걸음 더 나아간 지식을 낳는다. 물론 누군가는 제임스의 주장이 쓸모 있다고 생각하지만, 그렇지 않다고 생각하는 사람도 있다.

실존주의: 관념적인 인간이 아닌, 개별 인간의 현실 조건을 강조하는 철학 학파. 사르트르는 "실존이 본질에 우선한다"고 했다. 우리의 본질은 어디 멀리 있는 게 아닌 각자의 존재 자체에 있으며, 따라서 삶의 의미도 스스로 만들 수 있다는 것이다. 실존주의는 우리에게 진정성 있게 살라고 조언한다. 언제든 죽을 수 있단 걸 명확히 깨닫고, 삶의 방향키를 스스로 쥐라는 것이다. 이런 철학은 아무래도 공장 컨베이어벨트 뒤보다는 번화가 카페에서 여유롭게 커피와 담배를 즐길 때 더 잘 떠오를 것 같다.

역설: 1) 타당한 논리적 절차와 참인 전제들을 사용했는데도 모순된 결론을 낳는 추론.
2) 내 건강을 진단하는 의사 두 사람.

연역논리: 전제들의 묶음을 통해 논리적으로 결론을 이끄는 것. 가장 기본적인 형태는 삼단논법이다. 이런 식이다. "모든 코미디언은 철학자다. 래리, 모, 컬리는 코미디언이다. 그러므로 래리, 모, 컬리는 철학자다." (⇔귀납논리)

예지계: 개인이 어떻게 감각하고 느끼는지와 상관없이, 그 자체로서 사물에 속하는 것. '물자체'를 보자. 아, 잠깐. 그걸 볼 수 있나? (⇔현상계)

의무론: 도덕적 책임은 행위의 결과와 무관하며, 오직 의무에 따른다는 윤리학적 입장. '의무론Deontological Ethics'은 고대 그리스어 '의무deon'에서 유래했다. 예를 들면, 테러리스트에게 시민을 보호하는 것이 가장 중요한 의무라 생각하는 지도자는 그 의무를 다하기 위해 온 국민의 휴대폰을 감청해야겠다고 믿을 것이다.

일상언어철학: 일상적 언어 사용을 통해 철학 개념들을 이해하자는 학파. 이들은 심오한 사상가들을 오랫동안 혼란에 빠뜨린 문제들이 실은 단어의 애매함이나 논리적 실수 때문이라고 말한다. 이들은 그런 걸 싹 정리함으로써 혼란의 시대를 끝냈다고 믿었다. (물론 혼란의 시대는 그 뒤로도 끝나지 않았다.)

정언명령: 칸트가 제시한 가장 중요한 도덕 원칙. 스스로 기준을 갖되, 그게 언제나 보편적인 법칙이 될 수 있어야 한다는 것이다. 도덕적 황금률 개념을 독일어로 쓰면, 아주 똑같지는 않겠지만 얼추 비슷하기는 하다.

종합명제: 정의에 의해 참이 되지 않는 명제. "변호사 우영우는 특이하다"는 종합명제다. 이 문장은 "우영우"라는 단어의 정의에 포함되지 않은 정보를 추가한다. 여기에서 파생된 문장 "검사 우병우는 특이하다"도 역시 종합명제다. (⇔분석명제)

텔로스(목적): 내적 목표를 뜻한다. 강아지의 텔로스는 개가 되는 것이다. 철학과 대학원생의 텔로스는 정교수가 되는 것이다. 물론 백수가 될 확률이 훨씬 높지만, 꿈은 클수록 좋으니까.

합리론: 이성이 지식을 얻는 기초적인(혹은 유일한) 방법이라고 주장하는 관점. 지식을 얻는 기초 경로가 감각경험이라고 주장하는 경험론과 대비된다. 전통적으로 합리론자들은 감각을 100퍼센트 믿지 못해서 감각에 기반한 지식은 불확실하다고 여겼다. 그들에겐 이성에 의해 추론되는 명제들이 단순하고 확실했다. 이런 명제 중 하나는 이런 것이다. "지금 이 세계가 가능한 모든 세계 중에 최선이다." 뭐, 맞는 말인지는 더 살아봐야 알겠지만.

화두: 선불교에서 '돈오'를 얻기 위해 쓰는 수수께끼. "한 손으로 치는 박수는 어떤 소리가 나는가?"는 이런 기능을 하지만, "두 손으로 치는 박수는 어떤 소리가 나는가?"는 그렇지 않다.

현상계: 대상에 관한 우리의 감각 경험에 속하는 것. "이것은 빨간 모자다"라는 문장은 빨갛고 모자처럼 보이는 어떤 물건에 관한 감각경험을 가리킨다. 반면에 "와! 당신 모자 정말 감각적인데!"라는 말은 아마 당신의 주의를 딴 데 돌리려는 개수작일 가능성이 크다. (⇔예지계)

현상학: 현실을 인간의 의식으로 인식하고 이해하는 대로 설명하는 방법. 과학적 설명과는 반대다. 즉, 현상학은 '시계의 시간'과는 다른, 우리가 경험하는 것으로서의 '체험된 시간' 현상을 묘사한다.

후험적: 경험으로 알게 되는 것이란 뜻. 몇몇 맥주는 맛있지만 배부르진 않다는 걸 알려면, 그런 맥주를 최소한 하나 이상은 더 마셔봐야 한다. (⇔선험적)

박효진

중앙대학교 철학과를 졸업하고, 동 대학원에서 석사 학위를 받았다. 현재 낮에는 언론사에서 교정교열자로, 밤에는 번역가로 활동하고 있다.

철학자와 오리너구리

초판 1쇄 발행 2025년 3월 28일
초판 2쇄 발행 2025년 4월 28일

지은이 토머스 캐스카트·대니얼 클라인
옮긴이 박효진

편집 김대한
디자인 studio forb
일러스트 엄주
제작 (주)공간코퍼레이션

펴낸이 홍정희 **펴낸곳** 알키미스트
출판등록 2024년 9월 9일 제2024-000121호
이메일 alchemist.txt@gmail.com
인스타그램 @alchemist.press

ISBN 979-11-990376-0-1 (03100)

· 책값은 뒤표지에 있습니다
· 파본은 구입하신 서점에서 교환해드립니다.
· 이 책은 저작권법에 의하여 보호를 받는 저작물이므로 무단 전제와 복제를 금하며, 이 책 내용의 전부 또는 일부를 이용하시려면 반드시 저작권사와 출판사의 서면 동의를 받아야 합니다.